中国旅游经济蓝皮书
Blue Book of China's Tourism Economy

2014年中国旅游经济运行分析与2015年发展预测

CHINA'S TOURISM PERFORMANCE:
REVIEW & FORECAST (2014~2015)

中国旅游研究院

中国旅游出版社

《中国旅游经济蓝皮书》编辑委员会

《中国旅游经济蓝皮书》编辑部

前　言

我国正处于从大众旅游初级阶段向中高级阶段演化的进程当中，“开放”可以说是当前旅游市场和产业格局的本质特征，也是新时期旅游业改革、创新和发展的经济基础。

从消费主体来看，旅游与休闲消费正在成为国民大众的日常生活选项。从初步的预测结果来看，2015 年的国民出游率应当能够超过 3 次，这意味着旅游正在加速融入老百姓的日常生活。旧时王谢堂前的燕子，真的飞入了寻常的百姓人家。无论是周末的休闲旅游、公共长假的观光旅游，还是带薪休假期间形式多样的主题旅游，都不需要郑重其事地做决策了。虽然“来一场说走就走的旅行”还是文艺色彩颇为浓重的梦想，但是对于 95% 以上的游客而言，毕竟不再选择团队旅游。他们从互联网上获取目的地信息，从社交媒体上整理旅游攻略，然后比价、预订，带上手机和信用卡就出发了。到了目的地呢，除了若干典型的景点外，更加强调融入和体验当地民众的生活。主题酒店、民居客栈、经济型酒店、出租车、地铁、公交车、社会餐饮、商业中心、电影院、演唱会、Wi-Fi、APP、漫游宝等非标准服务则是游客体验和分享的关键词。除了少量以山岳湖泊等自然资源和古迹文物等历史文化资源为主要的吸引物的传统景区外，在越来越多的城市和乡镇旅游目的地，游客与居民的边界趋于消解。当旅游成为民众异地的生活方式，在“入境、观光、团队”时代建构起来的那个封闭的旅游世界正在走向开放的体系。

从市场主体来看，在创业创新和产业融合的合力推动下，为游客服务的商业体系更是变得越来越开放。我们所讨论的旅游业一直有着约定俗成的边界，比如“六要素”——食、住、行、游、购、娱，比如“三行业”——旅行社、饭店和旅游景区，等等。现在呢？百度、阿里、腾讯、携程、去哪儿、蚂蜂窝、谷歌、脸书、推特，以及旅游推广机构在客源地传统和新兴媒体投入的广告，与传统的旅行社一道，共同帮助旅游者完成其行前决策所需要的海量信息。过去，谁控制了外联权、谁锁定了资源供应商，谁就控制了客源，就会成为旅游行业的主导者，而在散客与自助为特征的大众旅游时代，谁控制了流量，谁就是旅游市场的实际控制者。在空间移动的过程中，自驾车、火车、飞机、公交、地铁、滴滴打车、百度地图等业态则为旅游者提供泛在化的交通服务，旅游大巴的司机和旅行社的导游对行程的控制只是留在历史中的辉煌记忆了。到了目的地，旅游者首选的旅游住宿设施早已经不再是星级饭店了，经济型酒店、精品酒店、度假酒店、民居客栈，或者途家网旗下的别墅、公寓都在为游客提供丰富多样的住宿选择。A 级旅游景区，特别是 5A 级和 4A 级旅游景区仍然对首次出游者和观光客有着极大的吸引力，但是我们更加关注迪士尼、环球影城、欢乐谷、长隆野生动物园、海昌中国极地海洋世界，以及城市的公共生活和休闲空间开始吸引越来越多的国际国内游客。还有众多面向本地居民的商业零售、社会餐饮、休闲娱乐，也在向旅游消费者开放。旅游业态创新的速度如此之快，以至于我常常分不清谁是旅游企业，谁是社会商业。正是出于以上思考，我越来越倾向于把所有服务于人们空间移动和异地生活的业态都称之为旅游企业。

从监管主体来看，开放也是一个不可逆转的进程。随着消费主体和市场主体的开放，旅游行政主管部门和市场监管主体必然会加入到这一进程中来。无论我们承认还是不承认，目标设定、资源开发、商业组织、要素配置和品质提升等所有涉旅环节无不经由顶层设计的传统发展观虽然还没有完全成为过去式，但是一个多元、开放和民间自发的旅游创新时代正在到来。市场监管部门和公共服务机构必须要适应这个多元利益主体相互促进、共同发展的新常态。在一个相对封闭的体系中，在一个旅游活动和商业服务只是少数人参与的发展阶段，“政府主导”有其历史的必然性。问题是时代变了，旅游成了国民大众的日常生活，旅游供给更多地依靠资本、技术、知识和人才等非垄断要素而发展和创新。当市民社会和商业时代到来以后，如果我们继续用传统的政府主导的思想去统筹一切，包打天下，结果很可能是吃力不讨好。“让市场在资源配置中发挥决定性作用”和“更好地发挥政府的作用”不只是政治口号，而是要求政府必须从微观主体的投资和创业创新活动中退出来，把更多的精力放在旅游经济运行的宏观调控和游客满意导向的微观监管上来。对于市场主体而言，也必须重新思考和建构大众旅游时代的商业与行政的新型关系。

2015 年是全面深化改革的关键之年，是全面推进依法治国的开局之年，也是全面完成“十二五”规划的收官之年。从国家层面来说，中央提出要主动适应经济发展新常态，狠抓改革攻坚，突出创新驱动。对旅游业来说，也要围绕改革、创新和发展的主题，全面推进各项工作。如果说20世纪80年代旅游业的发展受益于前30年的“封闭红利”，从90年代开始又受益于我国“人口红利”，那么今天在这样一个更加开放的格局，旅游业发展可以也只能从改革创新中获取“红利”，要把改革创新演变成一种时代性的趋势，深入到旅游经济运行的各个领域和各个环节。唯有如此，才能逐步满足和适应广大人民群众日益增长且日渐变化的旅游休闲需求，才能提高人民群众对于旅游发展的满意度。

本书是《中国旅游经济蓝皮书》年度报告的第七部，是研究院集体最近一年来研究成果的总结，全书由戴斌负责总体学术指导和最终审定，宋子千负责组织撰写和初步统稿。各章执笔人如下：第一章宋子千；第二章彭建、陈旭、唐晓云；第三章战冬梅、李仲广；第四章吴丰林、张佑印、李雪、黄璜；第五章刘祥艳、宋慧林；第六章杨丽琼、杨劲松、蒋依依；第七章蒋艳霞、李仲广；第八章胡抚生、熊娜。希望本书能给大家有所启发，也期盼能得到大家的反馈，让我们把这个系列报告做得更好。

中国旅游研究院院长、教授、博士生导师

2014年12月16日

CONTENTS

目 录

第一章

旅游经济总体运行状况与发展预测

2014 年，在全球经济低速增长和国内宏观经济企稳的背景下，我国旅游经济顶住下行压力，旅游市场呈现"两升一降"的格局，旅游投资继续快速增长，旅游产业运行较为景气，旅游发展向大众旅游中高级阶段演化的趋势更为明显。随着我国经济结构调整步入深水期，国内旅游进入稳定增长期，对 2015 年我国旅游经济保持"相对乐观"的预期。建议在党的十八届三中、四中全会精神的指引下，按照国发〔2014〕31 号文件、《旅游法》《国民旅游休闲纲要（2013—2020 年）》的要求，加快推动旅游业改革、创新和发展，为"十三五"时期旅游经济常态化的增长奠定坚实的基础。

一、2014 年中国旅游经济总体运行状况

（一）发展环境

1. 全球经济低速增长，各经济体发展形势继续分化

后金融危机时代，受限于结构调整问题，各经济体步伐不一，全球经济的整体复苏还需一定时日。据世界银行统计，2013 年，全球经济增长 73 万亿美元，比上年增长 2.4%。2014 年，全球经济预计将增长 3.2%。其中，中低收入经济体预计将增长 5.3%，高收入经济体预计将增长[①] 2.2%。发达国家内部以及发展中国家内部经济形势的分化更加明显（表 1－1）。作为全球经济的重要增长引擎，美国经济进入持续复苏轨道；受消费税拖累，日本二、三季度的经济陷入负增长；由于各成员国间存在争议及受乌克兰危机引发的欧盟与俄罗斯之间相互的经济制裁影响，欧

① 参见世界银行报告《World Development Indicators 2014》。

盟经济增长速度缓慢；受发达经济体政策溢出效应影响，加之自身结构脆弱，新兴经济体经济增长持续疲软。2014 年，世界各国采取了更多富有弹性和包容性的经济政策以促进就业增长，就业情况比前几年略有好转。由于总需求长期低迷，各大经济体居民消费价格指数继续低位运行。受中国经济增长放缓影响，全球大宗商品价格接连走低。

表 1－1　部分经济体 GDP 同比实际增长率（%）

	2012 年	2013 年	2014 年		
			一季度	二季度	三季度
美国	2.3	2.2	1.9	2.6	2.4
中国	7.8	7.7	7.4	7.5	7.3
日本	1.8	1.6	2.2	−0.3	−1.2
英国	0.7	1.7	2.7	3.0	3.0
澳大利亚	3.7	2.0	3.0	2.7	2.7
加拿大	1.9	2.0	2.1	2.5	2.6
法国	0.3	0.3	0.8	0.0	0.4
德国	0.4	0.1	2.3	1.4	1.2
意大利	−2.3	−1.9	−0.3	−0.4	−0.5
韩国	2.3	3.0	4.0	3.5	3.3
巴西	1.0	2.5	1.8	−0.8	−0.2
印度	4.9	4.7	5.7	5.9	5.9
印度尼西亚	6.3	5.8	5.3	5.1	5.0
俄罗斯	3.4	1.3	1.1	1.0	未出
南非	2.5	1.9	1.8	1.1	未出

数据来源：OECD 在线数据库，查询时间：2014 年 12 月 9 日。

2. 世界旅游业持续增长，正在摆脱金融危机的阴影

2014 年世界旅游业的表现从总体上继续好于宏观经济。据 UNWTO 统计，2014 年 1～8 月，全球旅游市场继续保持自 2010 年的增长态势，世界入境过夜游客总人数 7.81 亿人次，同比增长 5%，超过年初预期。受国际政治局势不稳和埃博拉疫情影响，下半年旅游市场增长略有放缓，预计全年增长率约4.5%。在各区域接待游客人次方面，北美和南亚增幅最为显著，北美增长达9%，南亚达8%；其次是南欧和地中海地区、北欧、东北亚和东南亚，增长均达7%。在各国和地区境外旅游消费方面，中国公民境外旅游消费以16%的增速排在首位，成为世界旅游业发展的重要驱动力量；法国和意大利次之，分别增长了10%和8%。在旅游产业方面，酒店每间可销售客房收益、航空公司利润均有小幅增长，释放了企稳回升的积极信号。各国和地区更加重视旅游业的发展，主要发达国家出台或实施了一批以国家整体营销为导向，以新产品开发和品质监控为重点的中长期发展政策。

3. 国内宏观经济企稳，发展质量效益进一步提高

近两年，受经济结构调整和错综复杂的国内外形势影响，我国经济发展面临严峻的下行压力。党中央牢牢把握发展大势，坚持稳中求进的工作总基调，全面深化改革，保持宏观政策连续性和稳定性，创新宏观调控思路和方式，有针对性进行预调微调，扎实做好各项工作，实现了经济社会持续稳步发展，全年主要目标和任务可望较好完成，经济运行处在合理区间，经济结构调整出现积极变化，深化改革开放取得重大进展，人民生活水平提高。据国家统计局数据，2014年一、二、三季度，我国GDP同比增长速度分别为7.4%、7.5%、7.3%。2013年，我国第三产业增加值超过第二产业，2014年三季度，第三产业增加值累计值占GDP累计值的比重达到46.71%，比第二产业高出2.46个百分点，我国正在形成服务业主导经济发展的格局。2014年1~10月，虽然固定投资、工业增加值增速略有回落，但社会商品零售额增速保持稳定，出口有所增长，居民收入持续增加，消费信心开始提高，制造业采购经理指数始终位于50以上，且6~9月份的数据高于51，我国经济转型升级取得了初步的成效。

表1-2　2013~2014年前三季度居民收入累计值和同比增长率

	2013年				2014年		
	一季度	二季度	三季度	四季度	一季度	二季度	三季度
城镇居民人均可支配收入（元）	7427.3	13649.1	20169	26955	8155	14959	22044
同比增长（%）	9.3	9.1	9.5	9.7	9.8	9.6	9.3

续表

	2013 年				2014 年		
	一季度	二季度	三季度	四季度	一季度	二季度	三季度
农村居民人均现金收入（元）	2870. 8	4817. 5	7627	10982. 7	3224	5396	8527
同比增长（%）	12. 2	11. 9	12. 5	12. 2	12. 3	12. 0	11. 8

数据来源：国家统计局网站。

4. 旅游政策法规环境进一步优化

2014 年 8 月 18 日，国务院下发了《关于促进旅游业改革发展的若干意见》（国发〔2014〕31 号文件），这是在不到 5 年的时间内国务院下发的指导旅游业发展的第二个纲领性文件，其中明确指出旅游业是现代服务业的重要组成部分，并从服务于经济、政治、文化、社会、生态文明五位一体建设的高度，阐述了旅游业改革发展的重要意义，是对 2009 年 12 月《关于加快发展旅游业的意见》（国发〔2009〕41 号文件）的进一步深化。年初政府工作报告提出“重点发展养老、健康、旅游、文化等服务，落实带薪休假制度”，旅游发展成为两会关注焦点。9 月，国务院建立旅游工作部际联席会议制度，加强了国家层面的旅游宏观调控机制。2013 年颁布实施的《旅游法》取得阶段性成效，市场秩序明显好转。围绕《旅游法》《国民旅游休闲纲要（2013—2020 年）》，各部门、各地研究出台了一批配套法规、文件，围绕旅游业发展已经形成相对完整的政策法规体系。在国家实施的“丝绸之路经济带”、“21 世纪海上丝绸之路”以及“京津冀一体化”、“长江经济带”等重大战略，以及国务院近期出台的关于支持东北振兴的若干重大政策举措、加快发展体育产业促进体育消费、创新重点领域投融资机制鼓励社会投资等文件中，都将旅游业发展作为重要内容。

（二）发展概况

根据《2013 年中国旅游业统计公报》，2013 年实际完成的旅游业主要指标如下：国内旅游人数 32. 62 亿人次，收入 26276. 12 亿元人民币，分别比上年增长 10. 3% 和 15. 7%；入境旅游人数 1. 29 亿人次，实现国际旅游（外汇）收入 516. 64

亿美元，分别比上年下降2.5%和增长3.3%；中国公民出境人数达到9818.52万人次，比上年增长18.0%；全年实现旅游业总收入2.95万亿元人民币，比上年增长14.0%。

2014年我国旅游业继续保持平稳较快发展态势，三大市场“两升一降”，产业运行相对景气，投资继续快速增长，发展目标总体实现。预计2014年全年接待国内外旅游人数将达到37.68亿人次，实现旅游总收入将达到3.4万亿元，分别比上年增长10.3%和15.6%。居民出游率2.8。我国旅游业继续沿着国发〔2009〕41号文件提出的两大战略目标前进，世界旅游强国建设的基础更加扎实。

1. 国内消费需求平稳增长，进入大众旅游发展的新阶段

在宏观经济企稳和旅游日益成为老百姓常态化生活方式的背景下，国内旅游消费需求保持平稳增长态势。预计2014年全年国内旅游36.4亿人次，国内旅游总收入3.1万亿元，分别比上年增长11.6%和16.7%。

长假对旅游经济的拉动作用在减弱。春节和“十一”长假期间全国接待游客总人次相当于全年国内旅游人数的19.4%，该比例和2013年相比变化不大；但实现旅游收入相当于全年国内旅游收入的12.0%，比2013年下降近1个百分点。与此同时，小长假、暑期旅游需求快速增长，社会对于节假日安排、带薪休假落实更加关注。

中低消费仍然是主体。半数以上的国内游客全年旅游花费处于500～2000元的水平，七成左右的游客选择火车、汽车的出行方式，六成以上游客选择经济酒店和中端酒店。虽然景点消费在旅游花费中所占比重并不大，但是景区门票涨价问题一再成为社会热点话题。

旅游需求日益多样化。除了传统的风景名胜观光以外，赏花、赏叶、观鸟等主题性的观光旅游，以及温泉、滑雪、自行车等和康体运动相结合的旅游得到较快发展。探险、极限运动、邮轮/极地等特种旅游也悄然兴起。老龄社会的到来、《爸爸去哪儿》等电视节目的热播等助长了老年旅游、亲子游的热潮。

信息技术进一步改变旅游者的行为方式。互联网和手机成为多数游客获取信息和预订购买的主要渠道，大部分游客认为网络预订不仅快速、便捷，还可以及时得到较多的优惠信息。在酒店和航班预订方面，网络预订已经占到七成以上，同时，越来越多的游客通过网络查找和预订旅游线路、就餐地点。

旅游越来越成为民众在异地的短期生活方式。随着旅游机会的增多，除了关注景点外，游客对目的地的整体环境、公共服务和商业接待设施的关注程度也日益增强，诸如雾霾天气、安全性等因素对游客的出游决策正在产生越来越重要的影响。

2. 入境旅游降幅收窄，出境旅游高速增长

由于全球经济尚未完全从金融危机中复苏，各国和地区加大了对旅游客源的争夺力度，加上我国入境旅游发展进入平台期，以及大范围雾霾天气、环境污染等多重因素的影响，入境旅游复苏乏力。预计全年入境旅游约 1.28 亿人次，较 2013 年下跌 1.2%，降幅较上年有所收窄；入境旅游外汇收入同比下滑 1.1%，约为 511.2 亿美元。

同时，在国内经济社会发展良好基本面的支撑下，加上人民币升值、各国和地区纷纷推出便利化政策等因素的影响，我国居民出境旅游继续快速增长。预计全年出境旅游约为 1.16 亿人次，比 2013 年增长 17.8%。

3. 旅游产业相对景气，竞争和创新是两大主题

自 2013 年第四季度以来，旅游产业景气指数逐季走强，2013 年第四季度和 2014 年第一、第二、第三季度景气指数分别为 114.84、120.00、122.48、123.92，总体“相对景气”。分行业来看，景区表现最为景气，稳定在“较为景气”水平以上；旅行社和综合业态徘徊在“微景气”和“相对景气”之间；饭店则从“微景气”水平回升至“相对景气”水平。

尽管旅游产业景气水平回升向好，但结构性压力仍然存在，旅游行业竞争更加激烈，新的业态层出不穷，产业创新活跃增加了旅游者的选择空间。在消费需求回归大众市场之后，高档会所、餐饮及高星级饭店营业收入出现了明显的下滑，而紧跟市场需求和以信息技术等最新科技为支撑的业态则得到蓬勃发展。旅游行业的创新打破了传统产业的边界，跨界融合成为创新的重要途径。由于市场需求的快速变化和产业供给的迅速跟进，前几年兴起的经济型酒店已经进入寡头竞争阶段，在线旅行服务也逐渐告别超额利润，而诸如途家、蚂蜂窝等一批更新的业态表现抢眼，微信平台和微信支付受到重视，传统旅行社行业的价值也重新被发现。

4. 旅游投资规模持续扩大，在线旅游、旅游地产等成为热点领域

由于制造业普遍产能过剩、房地产市场压力加大等，社会资本旅游投资热情高涨，特别是在线旅游、旅游地产、主题公园等领域吸引了大量投资，大型企业在其中起到了重要带动作用。基于互联网和移动通信技术的创新商业模式受到资本的追捧，百度、腾讯、阿里巴巴等大型电商加大了对旅游业的投资力度，途牛旅游网赴美上市股价翻倍。据不完全统计，2014 年前三季度，国内在线旅游行业共计发生投资事件 85 起，融资额达 120 亿元。旅游地产热度不减，包括保利、恒大、华侨城、万达、龙湖等在内的开发商以及苏宁等非传统地产商进一步加大旅游地产领域的布局。目前有超过 2000 家来自不同领域的企业涉足旅游地产开发，投资总额超过 1 万亿元。2014 年 10 月，总投资超过 200 亿元的北京环球主题公园项目正式获批，标志着主题公园开始新一轮投资热潮。2014 年同时发生了携程重资购入邮轮、万达集团并购湖北新航线国际旅行社和北京环行五洲国际旅行社、众信斥资收购竹园国旅等多起纵向并购或横向并购案例。

5. 区域旅游更趋协调，地方旅游发展热情高涨

2014 年东中西部旅游景气水平大致持平，东中西梯度递减的基本格局保持稳定，但差距在缩小。在交通网络完善、区域经济更加紧密联系的推动下，区域旅游一体化的进程加快，正在形成“三横两纵”（长江沿线旅游带、中国古老长城旅游带、陇海兰新旅游协作区和京杭大运河旅游带、青藏铁路旅游带）的空间格局。高铁网络的拓展、“一路一带”战略的实施等，催生了一批区域旅游新热点。各地对旅游业发展更加重视，目的地接待环境进一步优化，并深入推进体制机制创新，2014 年江西、西藏等先后成立旅游发展委员会，目前全国已经有 6 个省市区成立了旅游发展委员会，除台湾、香港、澳门外的 31 个省区市均提出要把旅游业打造成支柱产业，其中 24 个省区市提出要把旅游业建设成为战略性支柱产业。

6. 游客满意度稳中有升，产业功能更大释放

自 2013 年第四季度以来，全国游客满意度指数呈现探底回升态势，近 4 个季度分别为 73. 12、72. 62、72. 84 和 74. 52。《旅游法》出台之后，旅游行业针对广大游客反映强烈的热点、难点问题进行了有针对性的整改，“食、住、行、游、购、娱”等旅游服务的质量以及旅行社、景区等两大行业的满意度均处于调查以来的最高值，达到“基本满意”水平，但在城市旅游综合环境方面得分不高，对旅游投诉的满意度连续下降。旅游业服务于“五位一体”总体战略布局，综合功能得到更大释放。旅游直接就业人数超过1400万人，每年新增就业人数超过50万人。旅游对革命老区、贫困地区经济社会发展的带动作用更加显著，有力地促进了当地居民收入增长。旅游已经成为老百姓常态化的生活方式，对于丰富人民精神文化生活、提升国民素质起着越来越重要的作用。旅游发展通过自觉的环保教育和直接的利益机制，有效促进了生态文明建设。旅游业在国家对外交往中发挥出了更加重要的作用，全球最大出境市场的形成提升了我国的国际影响力，通过让更多的人来中国旅游，向世界传递美丽中国的真实形象。虽然主客之间的冲突偶有发生，以及存在干扰因素，但海峡两岸暨香港、澳门的旅游交流越来越密切，交往的密切度和相互依赖程度均有所提高。

二、2015年旅游经济发展形势分析和预测

（一）发展形势

1. 全球经济逐步复苏，但我国入境旅游压力仍存

根据经济合作与发展组织（OECD）的报告，未来两年全球经济将会逐步改善，预计2015年全球经济增长速度为3.7%，2016年为3.9%。其中，美国和英国2015年的经济增长速度分别可望达到3%和2.5%①以上，继续好于欧元区和日本；印度、印度尼西亚和南非等新兴市场国家也将稳步复苏。在页岩气革命等影响下，2015年原油价格预计继续下跌，有利于刺激全球消费，但会加大通胀的下行压力，各国政府可能针对通缩风险采取降息等应对措施。油价下跌同时还会给俄罗斯经济增长带来困难。受美国经济强劲复苏的推动，美元将持续走强，预计人民币相对美

① 参见《OECD Quarterly National Accounts》，2014年11月20日发布。

元将小幅贬值，但由于有强大的进出口贸易支撑和人民币国际化的推动，预计人民币对美元汇率波动幅度不大，而日本由于本国央行为促进经济增长而实行货币宽松政策，预计未来日元将持续走软。

表1-3　OECD预测的世界各国GDP增长率（%）

	2014年	2015年	2016年
美国	2.2	3.1	3.0
中国	7.3	7.1	6.9
澳大利亚	3.1	2.5	3.0
加拿大	2.4	2.6	2.4
法国	0.4	0.8	1.5
德国	1.5	1.1	1.8
意大利	-0.4	0.2	1.0
日本	0.4	0.8	1.0
韩国	3.5	3.8	4.1
英国	3.0	2.7	2.5
巴西	0.3	1.5	2.0
印度	5.4	6.4	6.6
印度尼西亚	5.1	5.2	5.9
俄罗斯	0.3	0.0	1.6
南非	1.3	2.1	2.9
全球	3.3	3.7	3.9

数据来源：《Economic Outlook No 96 - November 2014 - OECD Annual Projections》。

由于全球经济继续复苏，国际旅游消费需求稳定增长，各国和地区对于旅游业更加重视，2015年世界旅游业将保持平稳增长态势，预计增长速度略高于2014年以及全球经济。中国等新兴经济体将继续推动国际旅游增长，亚太地区在各大区域中继续保持上升势头。以移动技术为代表的科技创新将进一步影响旅游者的体验和消费行为，并推动旅游商业模式创新和新业态发展。

由于国际经济形势还不明朗，世界旅游业竞争加剧，我国最大的一些国际旅游客源市场如日本、俄罗斯、澳大利亚、欧洲等经济形势没有明显好转，日元、澳元、卢布等的贬值将削弱中国入境旅游的价格竞争力，我国入境旅游复苏压力较大，市场基础还是国民旅游。

2. 国内进入经济发展新常态，旅游消费基础更加牢固

当前我国处于经济增长速度换挡期、结构调整阵痛期、前期刺激政策消化期三期叠加的阶段。由于投资难以长期维持高速增长且回报率不断降低，消费需求走势平稳，外需难以显著提升，我国经济增长速度将继续放缓，但我国发展仍处于可以大有作为的重要战略机遇期。在城镇化战略、创新驱动发展战略以及产业结构优化、服务业快速发展的支撑下，我国进入经济发展新常态，经济韧性好、潜力足、回旋空间大，预计 2015 年我国 GDP 仍将维持 7% 以上的合理增长率。

2015 年是全面深化改革的关键之年，是全面推进依法治国的开局之年，也是全面完成“十二五”规划的收官之年。我国将坚持稳中求进的工作总基调，坚持以提高经济发展质量和效益为中心，主动适应经济发展新常态，保持经济运行在合理区间，把转方式调结构放到更加重要位置，狠抓改革攻坚，突出创新驱动，强化风险防控，加强民生保障，促进经济平稳健康发展和社会和谐稳定。将坚持宏观政策要稳、微观政策要活、社会政策要托底的总体思路，保持宏观政策的连续性和稳定性，继续实施积极的财政政策和稳健的货币政策，努力保持稳增长和调结构之间的平衡。将进一步搞活市场，推动全面创新，积极发现培育新增长点。将加快转变农业发展方式，继续夯实农业稳定发展的基础、稳住农村持续向好的局势，稳定粮食和主要农产品产量，持续增加农民收入。将继续推进“一带一路”、京津冀协同发展、长江经济带三大战略，优化经济发展空间格局。将加强保障和改善民生工作，更多面向特定人口、具体人口，实现精准脱贫，防止平均数掩盖大多数。

在经济发展基本面总体向好、社会保障措施逐步完善和落实、提振内需政策实施等支撑下，国民旅游消费意愿将进一步增强，旅游消费基础更加稳固。

3. 旅游业发展环境继续向好，提升发展质量更为迫切

在制造业和房地产业面临困境的背景下，地方发展旅游业的积极性不会减弱，旅游业社会投资将继续增加，有利于扩大旅游供给，但是必须警惕隐性的非理性投资，以及大项目、高科技对旅游就业的挤出效应。同时，由于雾霾等环境污染因素会成为旅游决策更重要的影响因素，对于与旅游相关的生态环境的问题必须更加重视。从实践来看，旅游发展受税收、社会保障、带薪休假、国家公园、“一路一带”等宏观的综合性政策的影响比旅游部门的政策更大，尽管旅游部门可以出台一些刺激措施，但是旅游消费在短期内很难有突破性的增长。鉴于国家已经连续出台关于旅游业发展的国务院文件，当前政策工作重点应转到消化、细化、执行前期出台的政策以及对综合性政策的对接上来。

旅游业发展机遇和挑战并存，机遇大于挑战，当前的关键是提升自身的发展质量。尽管我国旅游业总体平稳增长，但入境旅游持续低迷；尽管旅游产业创新活跃，但是还不能完全满足人民群众不断增长且日益变化的旅游需求；尽管游客满意度有所提升，但整体尚处于“一般”水平，影响旅游服务质量的“黑车”“黑导”、欺客宰客、节假日涨价和拥堵等老问题还没有得到根本性的解决；尽管旅游业有力地促进地方发展，但当地居民参与和受益程度还有待进一步提高；尽管行政管理和公共服务水平不断提高，但适应大众化、散客化市场新要求的旅游治理体系还在进一步探索当中。这些问题都需要在发展中得到解决。

（二）发展预测

综合国内外发展环境和旅游业发展态势，对 2015 年旅游经济总体上继续持相对乐观的预期，国内旅游稳定增长，出境旅游快速增长，入境旅游止跌回升。旅游者对于出游品质的诉求将进一步提高，对于目的地综合环境、旅游安全等问题也会更加关注，对于公共服务的需求也将进一步增加。

具体预测指标如下：预计全年旅游总收入 3.9 万亿元，同比增长 14.7%。国内旅游人数 40 亿人次，同比增长 9.9%；国内旅游收入 3.6 万亿元，同比增长 16.1%。入境旅游人数 1.3 亿人次，大致与上年持平；入境旅游外汇收入 518 亿美元，同比增长 1.3%。出境旅游人数 1.35 亿人次，同比增长 16.8%。

三、2015 年旅游经济发展政策建议与工作重点

2015 年是“十二五”规划的收官之年，也是谋划“十三五”规划的关键一年，要在党的十八届三中、四中全会精神的指引下，贯彻落实《旅游法》和国发〔2014〕31 号文件等法律和文件精神，围绕改革、创新、发展、法治，全面推进旅游业各项工作，进一步夯实大众旅游从初级阶段向中高级阶段演化的市场基础，提高产业创新水平，将旅游发展和“一路一带”、扶贫、国家外交和港澳台事务等更好地结合起来，促进旅游业持续健康增长，旅游经济运行质量明显好转，推动旅游业在“五位一体”建设中发挥更大的作用。

（一）加快旅游业改革发展

将贯彻落实国发〔2014〕31 号文件作为 2015 年的一项重点工作，以此为契机，结合国发〔2009〕41 号文件实施情况的中期评估、《国民旅游休闲纲要（2013—2020 年）》的深入实施，加快旅游业改革发展，把旅游经济发展的指导方针、行业管理和产业促进建立在满足大众旅游发展新阶段的需求上，重构以游客满意为导向的旅游行业微观监管体系和产业健康发展的旅游经济宏观调控体系。落实党的十八届四中全会精神，深入贯彻“依法治国”理念，进一步巩固《旅游法》实施取得的成果，加快完善配套法规政策体系，提高依法治旅、依法兴旅的水平。系统梳理旅游业发展政策，加强对水、电、气同价等政策的督办力度，切实优化旅游发展环境。切实促进当地居民参与旅游业发展和就业，让老百姓能够从旅游业发展中获益，通过发展旅游业解决一批地区的脱贫致富问题。促进旅游发展和“三农”问题解决，社会主义核心价值观培育践行，生态文明建设，海峡两岸暨香港、澳门之间的交流，国家形象传播和国际合作等的结合，进一步凸显旅游业发展的综合效益，扩大旅游业发展在“五位一体”建设中的作用。

（二）进一步释放旅游消费需求

启动“旅游消费倍增计划”，促进更多的国民参与，更高的品质分享。到“十三五”期末，实现国内旅游消费比目前增长一倍。加强对国内旅游行业形象的正面宣传，提振旅游消费信心。加快服务型政府建设，密切关注老百姓对旅游发展的反馈，及时回应，优化旅游市场秩序，一方面要扩大消费，另一方面要让老百姓放心消费。继续推动带薪休假的落实，完善节假日制度安排，将着力点放在保障国民的休息和休闲权益上，赋予地方和老百姓自身更多的休假自主权。加强对餐饮、特色购物、新型景点景区等商业接待体系的引导，激发企业的积极性，推出更多切实符合游客需求的产品，进一步提升旅游消费水平。加强面向散客和基于信息技术的公共服务，促进旅游消费卡、官方旅游网站、12301 等的整合。实施“旅游下乡”工程，撬动农村居民旅游需求，为旅游消费提供新的增长点。引导游客文明旅游，提高旅游活动质量。

（三）促进出入境旅游协调发展和国际合作

通过引入市场化的推广机构，加大对美丽中国真实形象的宣传，争取出台签证、航权开放和免退税等便利化政策，加强对海外青少年市场的促销，打造国际化旅游精品等措施，吸引更多的境外人士特别是外国人到中国来，大力促进入境旅游振兴。加强对全球旅游业发展状况与趋势及其对我国旅游业影响的传导机制研究，主动站在国际旅游发展视角制定我国旅游业特别是入境旅游的发展战略。利用出境游客满意度等工具，支持和引导中国旅游企业“走出去”，加强旅游和外交、政府和企业之间的配合，探索建立起保护出境游客的民事权利和品质诉求的国际合作机制，维护出境游客的正当权益，提升出境旅游品质。加强基于散客旅游与团队旅游并重的 ADS 升级版的储备政策研究。主动借助各种政府间和旅游业界的双多边国际组织平台，结合“一路一带”建设等国家战略和出境旅游的发展，加强旅游领域的国际合作，使旅游业在多双边合作中发挥更加积极的作用。在国际旅游事务中敢于提出新议题、新规则，提出有中国特色的旅游发展理念和全球旅游治理体系。

（四）加强市场主体培育和投资引导

推动旅游市场向社会资本全面开放，鼓励跨界融合，支持经济型饭店、中端饭店以及依托互联网、移动通信、网络支付手段等形成的新业态发展，引导其更好地满足人民大众日益增长的旅游需求。积极引导传统业态，特别是体制内企业走市场化的道路，加快实现企业的现代化转型。对接市场需求，优化产业结构。区分商业和非商业接待体系，加强分类指导。推动国民旅游度假区建设，规范主题公园等人造景区发展。以市场化为导向，以人才队伍建设为基础，加强职能创新，提升服务能力，重构协会的生存和发展体系，旅游行业协会改革取得明显突破。引入竞争机制，加强各种社会中介组织的培育。加强调查研究，摸清旅游投资的规模和特征，定期发布旅游经济运行信息，加强对地方政府和旅游投资机构的分类指导。加强旅游规划的规范性，提升旅游规划的科学性，增强旅游规划指导项目投资的能力。组织编制国家旅游业中长期发展规划、重点区域规划以及重点旅游资源开发利用的专项规划，抓好各类旅游规划的编制工作，形成多层次的旅游规划体系。

（五）提升旅游行业创新水平

大力推动老年旅游、研学旅游、医疗保健旅游、暑期档旅游、海洋旅游、旅游购物等旅游产品的发展，积极推进自驾车营地、房车营地、度假区和国民休闲设施建设，创新旅游产品和市场。尽快出台智慧旅游具体指导意见，提升信息技术在旅游营销、旅游体验和旅游公共服务等领域应用的深度和广度。加强对旅游新业态和新商业模式的关注，探索适用新业态不断涌现的管理体制和方式。对传统的大型旅游企业，加强对其科技提升特别是信息化水平提升的引导和专业化的指导。推动旅游产学研合作平台建设，进一步激发旅游企业的创新意识，鼓励先进科学技术在旅游行业的运用。完善旅游统计工作，加强旅游发展重大课题的研究，积极探索适应旅游发展新阶段的理论体系。

第二章

旅游新需求和市场新趋势

2014年，我国旅游消费需求总体上保持稳定增长态势，三大市场依旧呈现“两升一降”的变化特征。国内旅游市场稳定发展，出境旅游高速增长，入境旅游持续低迷。展望2015年，随着党的十八届四中全会依法治国理念的深入，《旅游法》《国民旅游休闲纲要（2013—2020年）》的深入实施以及国务院下发的《关于促进旅游业改革发展的若干意见》（以下简称31号文件）等利好因素的影响，旅游消费潜力将进一步释放，旅游市场总体上将继续保持增长的趋势。同时，新的旅游需求正在成长，旅游市场出现新的发展趋势。本章主要聚焦国内市场，分析中国旅游的新需求和市场新趋势，出境和入境旅游市场的变化特征和趋势将在第六章专门分析。

一、2014年旅游需求基本状况

（一）旅游需求总量概况

1. 需求总量

当前我国宏观经济持续增长，社会环境稳定，旅游消费需求旺盛，市场主体创新活跃。受短周期高速增长向中长期中速增长阶段转换调整的共同影响，我国经济形势正在进入新常态阶段，旅游经济下行的压力有所增加。较之去年，2014年旅游经济总体仍维持平稳发展，三大旅游市场总体上仍延续了上一年“两升一降”的格局。国内市场以较快速度增长，前三季度接待国内游客27.31亿人次，实现旅游收入2.23万亿元，同比分别增长10.9%和16.2%；出境旅游市场高速增长，上半年出境旅游人数5337.09万人次，同比增长17.06%，增速明显快于国内旅游市场；入境旅游较之2013年仍在下跌，前三季度接待入境旅游人数

9464.8 万人次，同比跌幅 1.48%，实现旅游外汇收入 378.98 亿美元，较之 2013 年同比下跌 0.8%。

预计 2014 年全年接待国内外旅游人数将达到 37.68 亿人次，实现旅游总收入将达到 3.4 万亿元，同比增速分别为 10.3% 和 15.6%（表 2－1）。其中，国内旅游接待总量将达 36.4 亿人次，国内旅游总收入约 3.1 万亿元，分别比 2013 年增长 11.6% 和 16.7%（表 2－1）；入境旅游约 1.28 亿人次，较 2013 年下跌 1.2%，入境旅游外汇收入同比下滑 1.1%，约为 511.2 亿美元（表 2－1）；出境旅游人数将突破 1 亿人次，约为 1.16 亿人次，比 2013 年增长 17.8%（表 2－1）。

表 2－1　2014 年三大市场旅游需求指标预测

国　内			
人数（亿人次）	同比增长率（%）	收入（万亿元）	同比增长率（%）
36.4	11.6	3.1	16.7
入　境			
人数（亿人次）	同比增长率（%）	收入（亿美元）	同比增长率（%）
1.28	－1.2	511.2	－1.1
出　境			
人数（万人次）	同比增长率（%）		
11563	17.8		
全年接待总量			
总人数（亿人次）	同比增长率（%）	总收入（万亿元）	同比增长率（%）
37.7	10.3	3.4	15.6

注：美元对人民币汇率按 1：6.15 计算；出入境花费和收入的基础数据来源于国家外汇管理局。

从近 10 年的数据来看，旅游接待总人数、旅游总收入在 2005～2014 年持续保持增长态势。2012 年以来旅游总收入增速虽有所放缓，但仍保持较快的增长势头（图 2－1）。

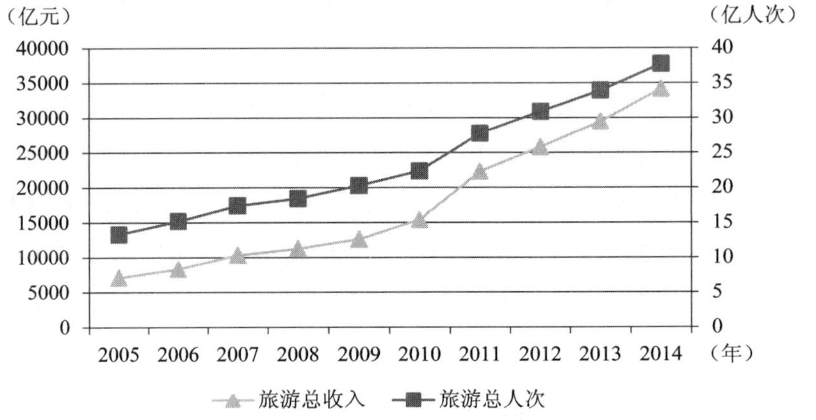

图2－1　2005～2014年旅游总收入及总人数情况

2002年以来，国内旅游指标与旅游总量指标保持一致的增长趋势（图2－2），在三大市场中占绝对主体地位。2010年以来国内旅游人数和旅游收入出现增速进一步加快。2014年，国内旅游接待人数和旅游总收入基本上延续了前两年的增长速度。

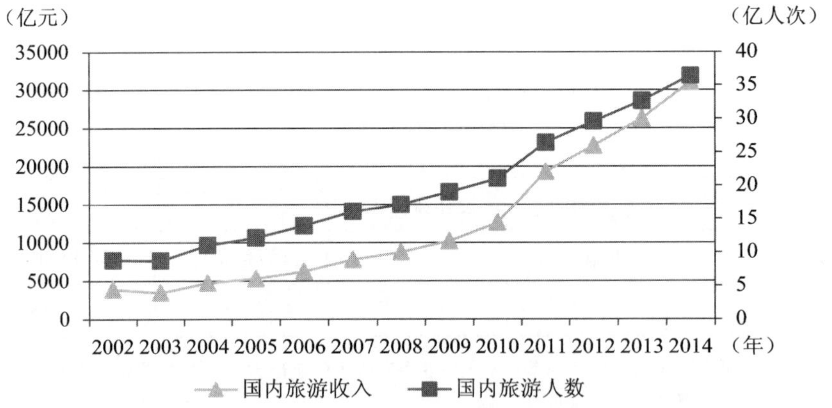

图2－2　2002～2014年国内旅游收入和旅游人次

可以看出，随着中国居民消费潜力逐步释放，国内旅游需求仍然是我国旅游市场的主要增长点。虽然宏观经济进入新常态，从短期的高速增长向中长期的中速增长转换，增速有所放缓，但国民经济稳定增长的趋势明显。随着国民经济收入的稳定增加，《旅游法》的全面实施，党的十八届四中全会对依法治国理念的强调，尤其是受2014年国务院31号文件的出台以及相关利好红利政策的影响，国内旅游需求将继续保持快速的增长态势。

2. **增长率**

2003年"非典"疫情结束以来，我国旅游经济呈波动增长态势。在2007年和2011年，我国旅游接待总人数和总收入出现了较大幅度的增长，呈现出两个明显的峰值。其中，国内外旅游人数的同比增长率为15%～20%，全国旅游总收入的同比增长率均超过20%（图2－3）。2008年是两个峰值之间的谷底，受世界金融危机等因素的影响，旅游接待总人数和总收入的同比增长速率明显放缓，不到10%。2012年，尽管全国旅游接待的总体规模仍在增长，但同比增长率出现下行态势。较之上一年，2014年的增速比较稳定。

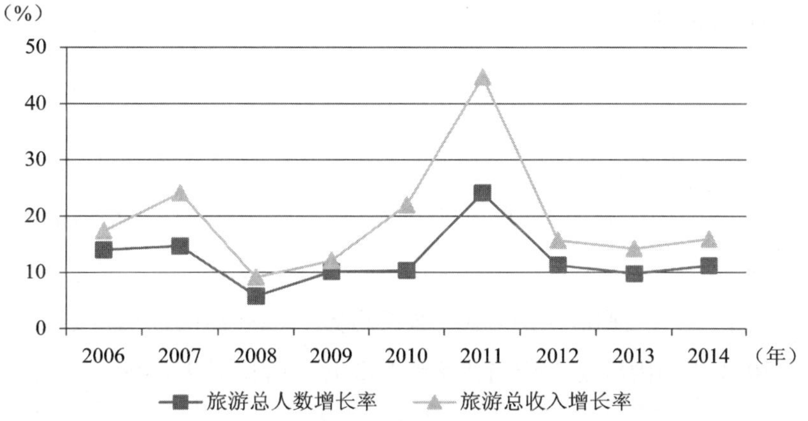

图2－3　2006～2014旅游总收入与总接待人数的增长率

国内旅游收入的增长率表现出与全国旅游经济总量特征相似的变化特征，2008年后的峰值出现在2010年（图2－4）。较之国内旅游收入，国内旅游接待总人数的同比增速自2005年以来显得比较平稳，除了2008年出现了显著低谷之外，其余年份的增长率都在10%～15%。值得注意的是，国内旅游收入的增长率明显高于接待人数的增长率，从一个侧面反映了国民人均旅游消费水平逐年提升的过程。

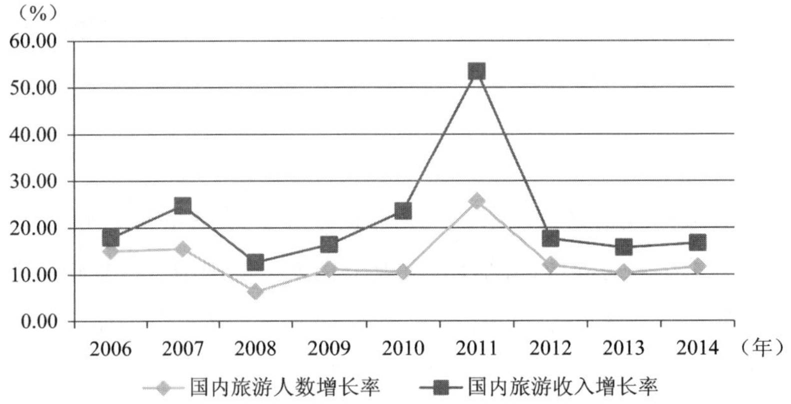

图2-4 2006~2014年国内旅游接待人数和收入增长率

(二) 旅游需求结构

1. 人均消费

根据历年国内旅游消费规模与旅游人数的数据，计算出人均旅游消费情况。从图2-5可以看出，国内旅游人均消费从2002年开始一直保持逐步稳定上涨的态势。受统计口径的影响大幅度增加，2011年增长率达到22%，高于往年增幅。2012年增长幅度有所下降，但保持小幅度稳定增长趋势。2006年的国内旅游人均消费仅为447元，到2014年国内旅游人均消费达到862元，增长了92.8%。

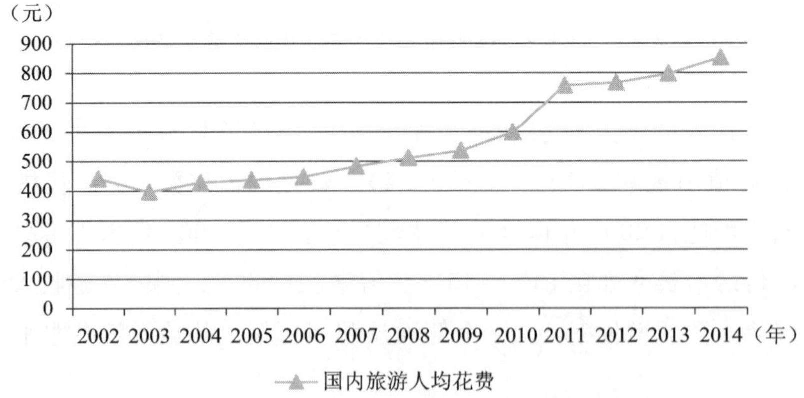

图2-5 2002~2014年国内旅游人均旅游消费情况

人均旅游消费增长率方面，从图 2-6 可以看出，2003 年以来居民人均旅游花费呈波动增长，同比增长率大致以 3~4 年的周期波动变化，国内居民的人均旅游花费水平增长率从 2011 年的 26.6% 锐减至 2012 年的 1.2% 左右。此后，虽然增长速率有所提高，但仍保持在较低水平。预计 2014 年全年国内旅游人均花费水平 862 元，较之 2013 年的 797 元增长 6.8%。受政策调控影响，国内旅游花费水平涨幅不大。另外，农村居民的旅游花费增长速率明显高于城镇居民，过去的 10 年间，农村居民人均旅游花费的增长率大部分时间高于城镇居民，尤其是 2008 年以来，这种增速上的差异更加明显。可以预见，虽然目前农村居民的旅游花费水平明显低于城镇居民，但未来二者之间的差距有减小的趋势。

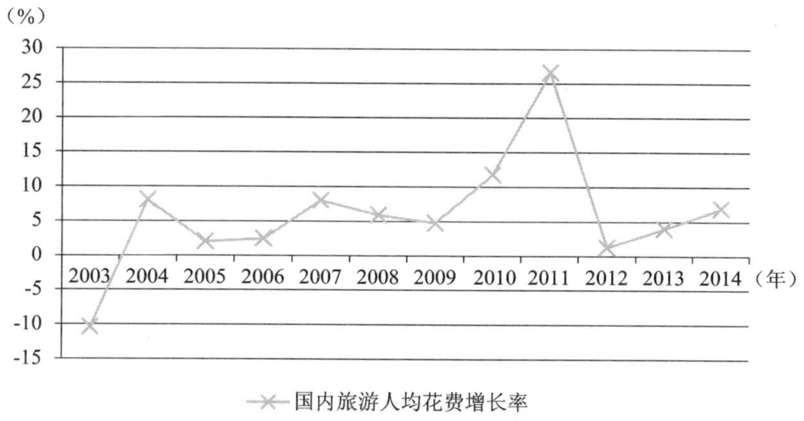

图 2-6 2003~2014 年国内旅游人均旅游消费增长率情况

2. 团散结构

近年来国内旅游市场的团散结构出现了一些新的特征。随着旅游消费者的日渐成熟、旅游消费习惯的变化以及私家车的增多和道路交通建设的快速进步，依靠旅行社的团队旅游市场在不断萎缩，取而代之的是散客市场的迅猛增长。在很多景区，旅行社组织的团队旅游在游客中的比重快速下降。全国来看，根据国家旅游局发布的旅行社业调查公报，2009~2013 年，虽然国内旅游人数大幅增长，但旅行社组织的旅游人数增幅不大，近 5 年组织的出游人数分别为 1.01 亿人次、1.2 亿人次、1.37 亿人次、1.44 亿人次和 1.29 亿人次（图 2-7）。旅行社组织的国内旅游人数在国内旅游总人数中比重下降明显，5 年的百分比分别仅为 5.31%、5.71%、5.19%、4.87% 和 3.95%（图 2-8）。2014 年上半年，国内旅游接待 18.41 亿人次，全国旅行社国内旅游组织 1873. 91 万人次，占比仅为 2. 8%，较之 2013 年同期下降了 0. 3 个百分点，旅行社组织的团队旅游市场在国内旅游市场中的地位仍在持续下降。

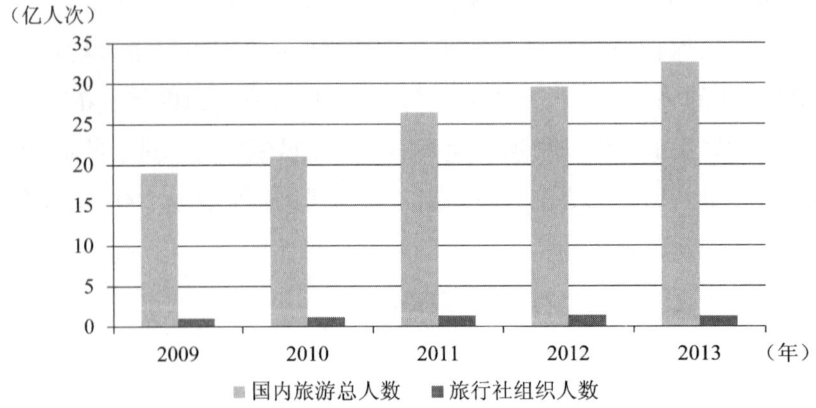

图 2－7　2009～2013 年旅行社组织国内旅游人次情况

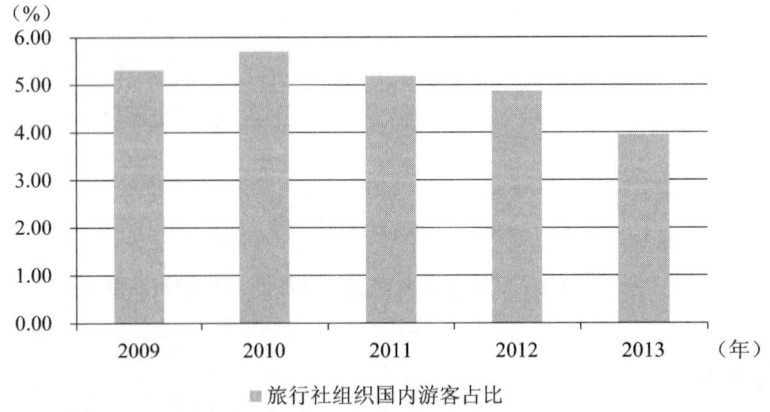

图 2－8　2009～2013 年旅行社组织国内旅游人数占国内旅游总人数的比例

3. 旅游消费构成

根据中国旅游研究院对旅游者人均消费构成的调查，2014 年前三季度国内旅游者在旅游花费项目的支出中，餐饮、交通、景点门票以及购物所占比例较高，住宿和文化娱乐等方面的消费支出较少。从图 2－9 可以看出，散客和团队游客的旅游消费构成呈现出较高的一致性特征。二者差别较大之处主要在购物方面，团队游客的购物花费比散客高，团队购物花费占比为 20. 39%，散客为 16. 10%，相差 4. 29 个百分点。

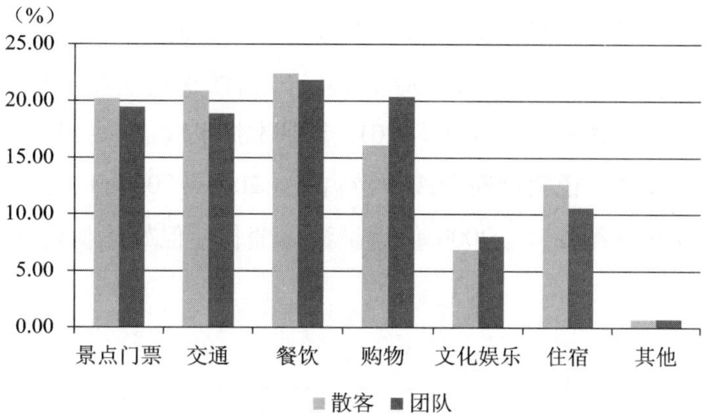

图 2-9 2014 年前三季度国内旅游游客花费构成

(三) 春节和国庆长假情况

1. 春节

2014 年春节长假共 7 天，全国共接待游客 2.31 亿人次，按可比口径，比上年春节长假增长 14.0%；实现旅游收入 1263.9 亿元，同比增长 16.4%。在全国接待的 2.31 亿人次中，过夜游客（仅限于住在宾馆饭店和旅馆招待所）为 5367 万人次；一日游游客为 1.78 亿人次。

2004~2014 年，春节长假出行的游客人数占全年出行的游客总数的平均比例为 5.42%，整体保持平稳增长的态势（图 2-10），从 2011 年起有提升的趋势，2014 年春节长假出行的游客人数占全年出行游客总数的比例为 6.2%，较 2013 年的 5.9% 有所增长。

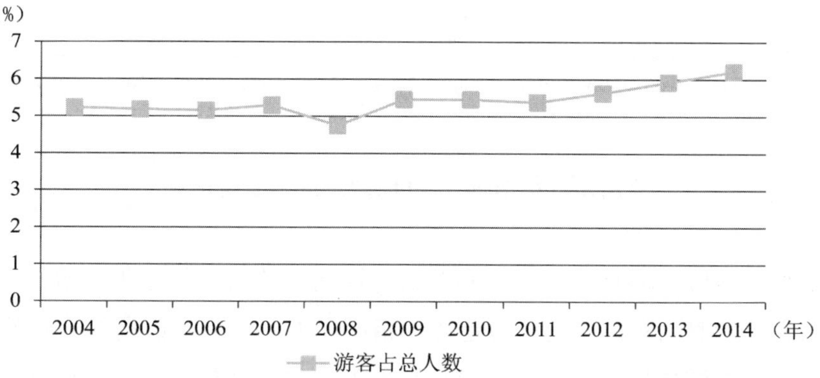

图 2-10 2004~2014 年春节长假期间游客接待量占全国旅游人数比例

2003 年以来，春节长假期间出游总人数与“一日游”人数保持快速增长趋势，尤其是在 2008 年之后进入高速增长期，2014 年继续保持快速增长的势头。相比之下，过夜游人数增长缓慢，2014 年与 2013 年基本持平（图 2－11）。春节长假期间，一日游仍为出行主体，说明期间短线旅游占优。2004～2009 年，“一日游”人数占出游总人数的比例持续提高。2009 年后呈波动变化，但始终稳定在 76% 以上（图 2－12）。

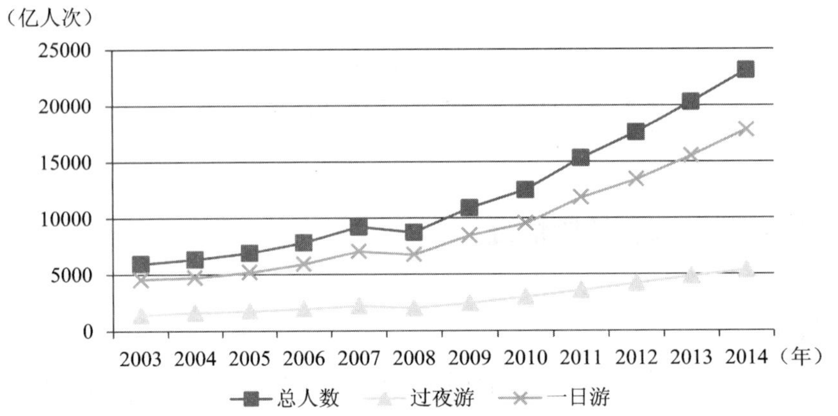

图 2－11　2003～2014 年春节长假期间旅游人数结构

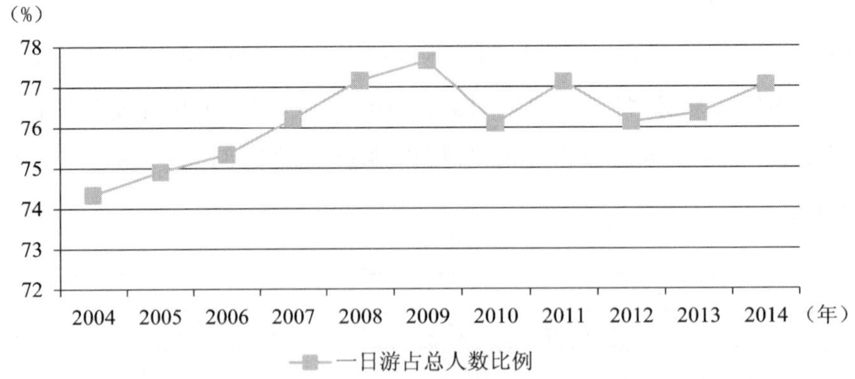

图 2－12　2004～2014 春节长假一日游比例

旅游收入方面，2004 年至今，春节长假期间旅游收入呈逐年递增的态势。2014 年春节长假旅游收入仍保持增长的趋势。相比之下，春节长假期间人均旅游花费的增速明显不及旅游总收入。从图 2－11 和图 2－13 可以看出，虽然春节长假期间旅游总人数和总收入增长迅速，但人均旅游花费水平的增长明显要缓慢。尤其是2012年以来，受政策冲击的影响，人均旅游消费水平呈下降趋势。2014年延续了上一年度的下滑态势，人均消费为547元，同比下滑5.12%。这些变化表明，春节长假期间旅游总收入的增长不是来自于人均旅游消费水平的提高，而主要归因于旅游总人数的大幅增长。

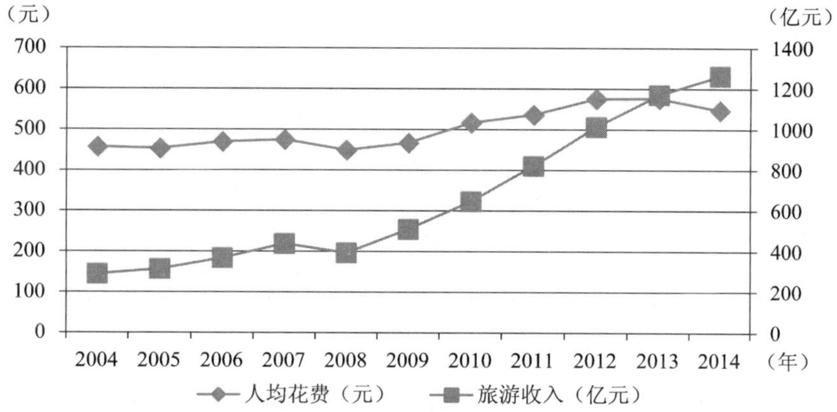

图2-13 2004~2014年春节长假人均消费与旅游收入

2. 国庆节长假

2014年国庆节长假期间，全国共接待游客4.75亿人次，比2013年国庆节增长10.9%；实现旅游收入2453亿元，增长15.7%。在全国接待的4.75亿人次游客中，过夜游客（仅限于住在宾馆饭店和旅馆招待所）为9943万人次，比2013年国庆节期间增长5.9%；一日游游客为3.75亿人次，比2013年国庆节期间增长12.3%。纳入全国假日旅游统计预报体系的124个旅游景区，国庆节期间共接待3169万人次，门票收入16.04亿元。北京、天津、承德、秦皇岛、沈阳、大连、长春、吉林、哈尔滨、上海、南京、无锡、苏州、杭州、宁波、黄山、厦门、南昌、瑞金、青岛、洛阳、武汉、长沙、张家界、韶山、广州、深圳、桂林、海口、三亚、重庆、成都、广安、贵阳、遵义、昆明、西安、延安、银川等39个重点旅游城市共接待游客1.48亿人次，其中过夜游客为2719万人次，一日游游客为1.21亿人次。

从历年数据来看（图2-14），2004年以来国庆节长假期间旅游人数呈逐年上升的态势，2014年国庆节期间旅游接待总人数略有提升。过夜游客数量仍保持平稳增长趋势，占旅游总人数比重较低。“一日游”人数占国庆节长假期间总人数比例呈规律性波动，2012 年所占比例有较大的波动，占比高达 88%，2013 年有较大的回落，2014 年与 2013 年基本持平（图 2－15）。

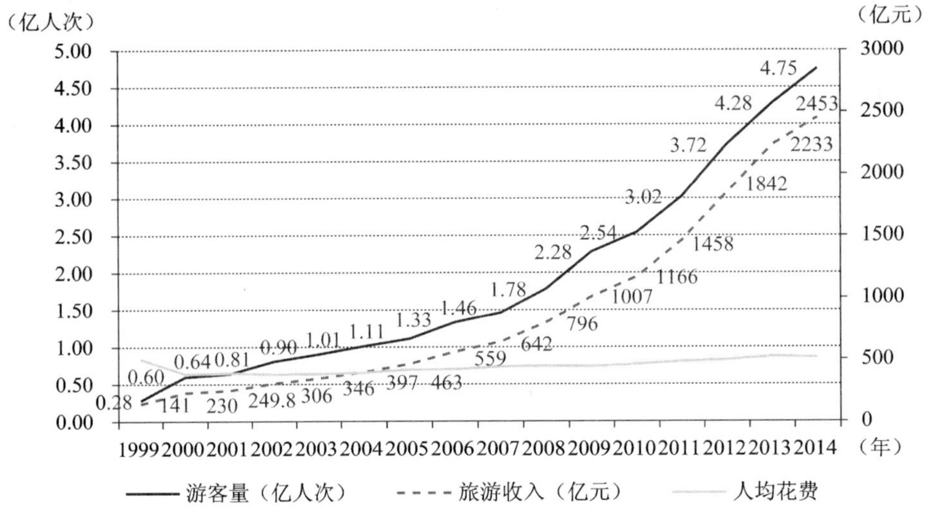

图 2－14　1999～2014 年国庆节长假期间旅游接待指标

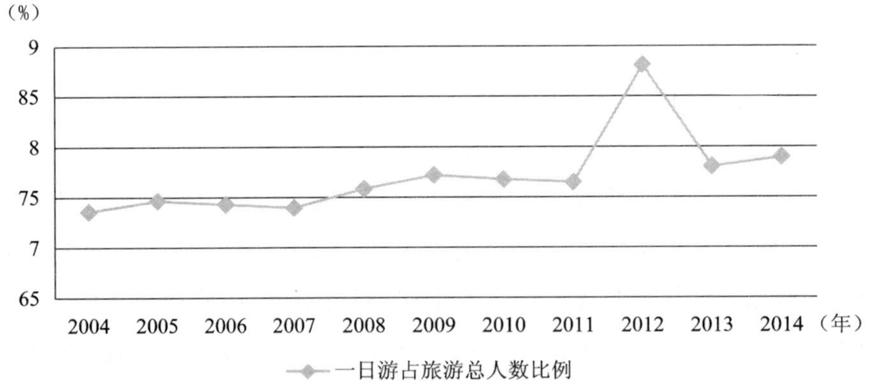

图 2－15　2004～2014 年国庆节长假期间一日游占旅游总人数比例

旅游收入方面，从 2004 年至今，国庆节长假期间旅游收入总体呈现直线增长趋势，2014 年较 2013 年增速稍有减缓，但仍保持稳定增长。国庆节期间人均旅游花费基本保持平稳增长，且增速较为缓慢。2014 年人均花费为 516.4 元，与 2013 年基本持平，略有下降（图 2－14）。

综上可见，2014 年国庆节长假期间，受国内经济平稳运行、旅游政策多重利好、目的地及在线旅游企业大幅促销、长假旅游需求集中释放等因素影响，居民出游意愿旺盛，出游人数和旅游收入均有所增长。相比之下，人均旅游消费水平增长不快。

（四）旅游市场新需求

1. 周边周末游

2014 年前三季度的旅游意愿调查表明，城市周边的短途旅游需求大，周边周末游市场增长快，尤其是自驾游增长迅速。随着散客在国内旅游市场主体地位的确立，私人汽车拥有量的逐年增加，更多的国民掌握了汽车驾驶技能，加之高速公路节假日免费通行等政策的刺激，自驾游正在成为我国民众最主要的出游方式。近年来，我国各级政府不断加大道路交通的建设力度，全国公路运输在“质”和“量”上不断提高，2013 年全国公路通车里程达 435.62 万公里，高速公路的比重从 2005 年的 47.6% 提高到 2012 年的 85.2%（图 2－16）。随着国民经济收入水平的增加，汽车正在走进越来越多百姓的生活，全国私人汽车拥有量从 2004 年的 1481.66 万辆猛增至 2013 年的 10501.68 万辆，10 年间净增 6.09 倍。同时，掌握驾驶技术的国民数量也在不断增长，2004 年全国汽车驾驶员只有 7101.64 万人，到 2012 年增至 20028.52 万人（图 2－17）。在国家休假制度以及高速公路收费政策调整等因素的刺激下，自驾游需求大量释放，自驾市场已经成为国内旅游消费市场新的增长点。

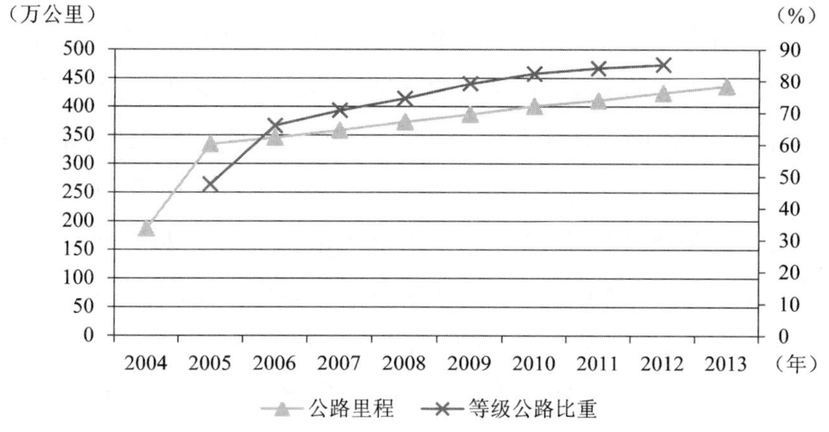

图 2－16　2004～2013 年全国公路里程和等级公路比重变化情况

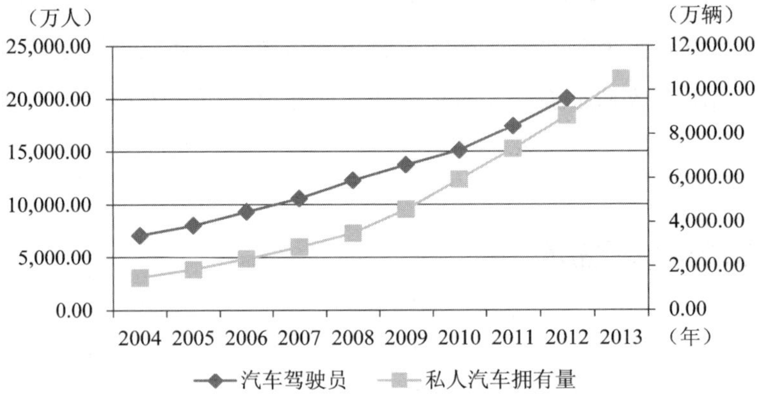

图 2－17　2004～2013 年全国汽车驾驶员和私家车拥有量增长情况

根据中国社科院发布的《2013～2014 中国自驾游发展研究报告》，2013 年，全国自驾车旅游总人数约为 17.3 亿人次，较 2012 年增加 3.7 亿人次，占年度出游人数的 53%。在经济发达地区和一些热点旅游地，自驾游所占比例更高。从出行的范围来看，自驾游主要集中在城市周边的中短途范围以内，多利用周末闲暇时间出行。受诸多内外有利条件的促进，2014 年全国自驾游市场进一步增长。根据安徽省假日办数据，2014 年的清明假期，安徽省累计接待游客 1660.8 万人次，其中自驾游游客占接待总数的 80% 以上。据大连交通部门的统计，2014 年国庆节长假期间，驶入大连的自驾游车辆同比增长 15.3%。

2. 房车旅游

房车游是我国旅游市场上出现时间短但发展潜力很大的出游方式。2009 年 12 月国务院出台的《关于加快发展旅游业的意见》明确提出要把旅游房车等纳入国家鼓励类产业目录，加快房车旅游在中国的发展。2009 年后，中国的房车市场进入高速增长期，房车销售量节节上升。2010 年，全国房车销售 900 辆，同比增长 50%，全国房车保有量达 4500 辆。2012 年，全国房车销售量增至 2000 辆，同比增加约 40%。尽管房车市场高速增长，但由于基数小，与欧美相比，我国房车市场尚处于起步阶段。2011 年美国房车保有量 890 万辆，露营地 16500 个；欧洲房车保有量 654 万辆，露营地 25000 个；日本房车保有量 78000 辆，露营地 1350 个。

与欧美等发达国家相比不同的是，目前我国房车消费市场主要是房车营地租赁公司。北京、海南等很多地方建有房车小镇，如港中旅集团在北京市密云县按国际标准建设的南山房车小镇，规划面积近 3000 亩，目前已建成 100 个房车营位，设有综合服务会所、帐篷露营区、休闲娱乐区、ATV 越野区、山野采摘区等户外活动体验区。由于诸多因素的限制，例如房车体量大，停放要求高，普通居民没有独立宅院难以停放，另外房车的驾照要求也较高，大大限制了房车的购买群体。因此，普通百姓家庭成为房车的主要消费群体还有待时日。

除了上述因素外，与房车配套的法规和营地等设施建设的滞后，也在很大程度上制约着我国房车市场的成长。目前，国家尚未就房车出台专门的行业标准和道路行驶规定。一些地方为了推动本地房车旅游的发展，相继制订了一些规范和标准。目前，京、沪、江、浙等经济发达地区房车市场需求较大，相应的规范和营地建设也在跟进。2012 年，北京市旅游发展委员会出台了《关于促进北京汽车营地建设的指导意见》。2013 年 6 月，浙江省《房车营地设置和服务规范》发布实施；2013 年 9 月，面向沪、苏、浙、皖等长三角地区的《房车旅游服务区基本要求》出台。2014 年 6 月《北京市汽车旅游营地建设规范》颁布实施。

3. 邮轮旅游

与房车旅游相比，邮轮旅游在我国发展更加迅速，在旅游市场上已经形成了一定的规模。中国乘坐邮轮出境旅游的人数已经从 2005 年的几千人次增加到 2013 年的 57 万人次。近 8 年来，中国邮轮旅游市场平均增速 34%，给邮轮产业提供了很大的发展空间，将对邮轮经济拉动 3000 多亿元。2014 年，中国邮轮旅游呈现“井喷式”发展。根据《中国邮轮产业发展报告（2014）》，2014 年全国邮轮旅游人数保持高速增长，出入境游客数 120 万人次左右，仅从上海出发的邮轮班次就超过 220 艘。

根据交通运输部预测，随着中国经济的稳定增长，未来几年中国有可能成为继美国之后的全球第二大邮轮消费市场。到 2020 年中国邮轮旅客有望达到 450 万人次，届时将成为世界最大的邮轮消费市场。日趋火热的邮轮市场吸引了国内外不少资本进入邮轮产业，中国邮轮旅游市场在巨大消费需求的推动下面临难得的发展机遇。针对快速成长的中国邮轮旅游市场，携程和皇家加勒比邮轮公司共建天海邮轮公司，中船集团正在着手和嘉年华合资在中国建造豪华邮轮。

除了邮轮的建造和购进外，邮轮港口的建设也如火如荼。目前我国已经建成天津、上海、厦门和三亚4个邮轮母港，青岛、海口等其余滨海城市也在积极打造适于邮轮停靠的港口。以青岛港为例，一方面通过改造向国际邮轮母港升级转型，另一方面积极与"美国皇家加勒比邮轮""意大利歌诗达邮轮"和"丽星邮轮"等世界知名邮轮公司洽谈合作事宜。

4. 老年旅游

我国正处在人口老龄化的快速发展阶段。2013年年底，全国60岁以上老年人口数达到2.02亿人，占总人口的14.9%，已呈现出"未富先老"的特征。从发展趋势来看，预计2025年我国老年人口将突破3亿人，2050年将达到4.8亿人，人口老龄化将是我国未来较长时期内的基本国情。

相对来说，老年人拥有比较充足的空闲时间，休闲旅游的需求比较大。老年人休闲旅游需求的增强必将促进老年休闲产业快速发展。据中国老龄科学研究中心预测，2014~2050年我国老年人年消费潜力将从4万亿元增长到106万亿元，占GDP的比重将从8%增长到33%，我国将成为全球老龄产业市场规模最大的国家。那些退休后有固定收入的老年人，将成为我国老年旅游市场的主体。面对如此巨大的市场，不少旅行社纷纷推出了适合老年人的旅游线路。

二、2015年旅游需求新趋势

（一）2015年旅游需求预测

基于自2005年以来的历史数据以及2014年前三季度的数据，以及参考了中国国家经济景气监测中心经济学家对2014年的全国和世界经济走势的看法，对2015年我国旅游业三大市场的需求指标做出以下预测（表2-2）。

预计2015年我国旅游业总体上仍将实现平稳增长。国内游增长稳定，出境游市场仍将快速发展，入境旅游人数同比仍有小幅下跌，但旅游收入将小幅增加。

表 2－2　2015 年我国旅游市场需求预测

国内旅游市场			
人数（亿人次）	同比增长率（%）	收入（万亿元）	同比增长率（%）
40	9.9	3.6	16.1
入境旅游市场			
人数（亿人次）	同比增长率（%）	收入（亿美元）	同比增长率（%）
1.27	0.0	518	1.3
出境旅游市场			
人数（亿人次）	同比增长率（%）	花费（亿美元）	同比增长率（%）
1.35	16.8	1800	18.5
全年接待总量			
总人数（亿人次）	同比增长率（%）	总收入（万亿元）	同比增长率（%）
41.3	9.6	3.9	14.7

（二）旅游意愿及出游行为变化

1. 居民出游意愿依然高涨，近郊游需求强劲

2014 年，我国居民出游意愿较上一年有所下降，但总体上仍保持在 80% 左右的水平。其中第二季度居民出游意愿为 78.68%，第三季度为 81.7%，第四季度为 76.52%，较 2013 年总体平均下降 5～9 个百分点（图 2－18）。预计 2015 年，受到旅游相关红利政策的影响，消费需求会得到进一步释放，居民出游意愿仍将保持较高水平。出游范围方面，旅游意愿从高到低依次为国内跨省市旅游、国内近郊游、港澳台旅游和出国旅游。由于国内跨省市旅游耗时较多，现行的休假制度还未能将这种潜在需求充分释放，利用周末空闲时间开展的城市周边近郊旅游占据着主要地位。

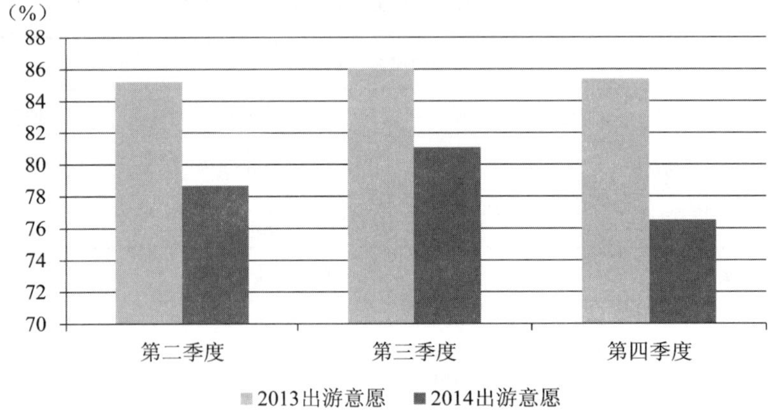

图2－18　2013～2014旅游意愿情况

从2014年前三季度旅游意愿的均值来看（图2－19），十大城市群中，长三角地区的旅游意愿最高，达88.43%；珠三角次之，为86.65%，川渝城市群紧随其后，为85.38%。旅游意愿排在最后三位的是京津冀、长江中游以及辽中南城市群，分别为79.83%、77.92%和77.60%，均不及80%。说明经济最为发达的长三角和珠三角地区仍是我国旅游需求最为旺盛的地区。

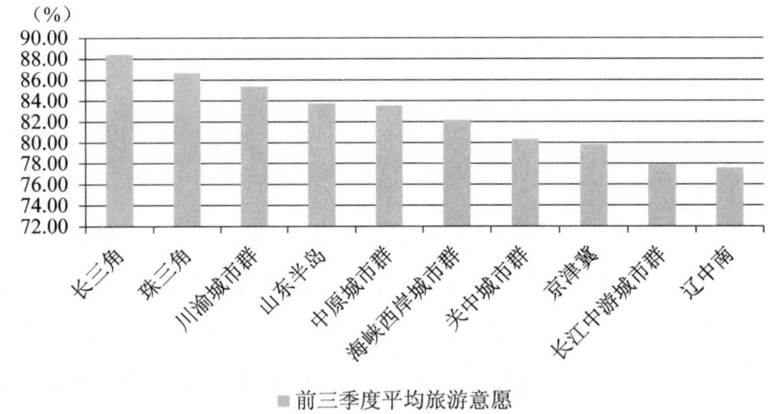

图2－19　2014年前三季度十大城市群平均旅游意愿

2. 观光旅游占主流，度假旅游需求提速

从2014年国内居民的出游意愿调查来看，呈现出较为明显的偏好特征。出游目的方面，休闲度假取代观光成为大多数居民的主要旅游动机（图2－20），二者构成了我国居民最为主要的旅游目的；出游时间方面，多集中在一周以内，一周以上的不到10%，“五一”、清明、端午以及春节和国庆节长假为出游的高峰期。出游范围方面，大多数居民倾向于跨省市的国内旅游，其次是近郊旅游，然后依次是港澳台（多选香港）和出国旅游（多选日韩和新马泰）。在各种旅游目的地中，自然风景区（64%）最受欢迎，其次是名胜古迹（21%），二者合计占85%。

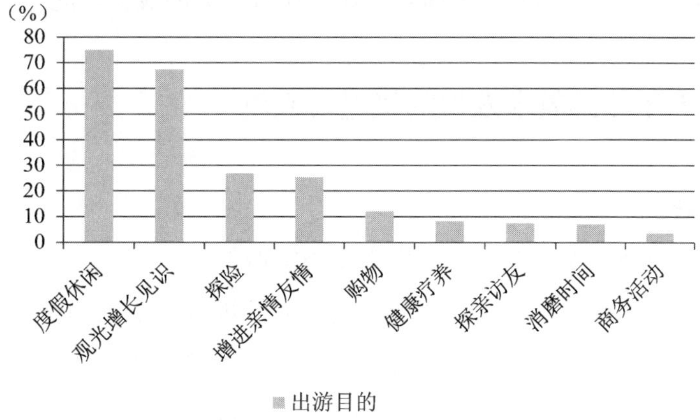

图2-20 2014年前三季度居民出游目的

3. 家庭旅游等专项市场成长迅速

大多数居民选择与家人（60%左右）一起出游，其次是选择与朋友一起出游，说明家庭旅游是主流；飞机是首选的交通工具，其次是火车和自驾，选择乘长途客车出游的只有15%左右；经济型酒店是最受欢迎的住宿类型，其次是中等价位的酒店，二者合计占80%以上，豪华酒店的份额只占10%左右，说明大多数国民在旅游中追求的是经济实惠。自由行有望成为主要的出游方式，在各类旅游度假产品中，旅游者预订的比例从高到低依次是：自由行、酒店、机票、团队游、一日游、门票、火车票、租车。在出游方式上，选择旅行社的只占三分之一，其余的以自己组织和单独出游为主，二者合计占60%左右；在选择旅行社时，品牌知名度高、市场排名靠前的最具竞争力（50%~55%），其次是自己熟悉的邻近旅行社（25%~30%）。

4. 移动终端成为自由行最主要的信息获取工具

旅游信息获取渠道方面，90%以上的民众会选择互联网，其次是亲朋好友，旅行社提供的信息咨询排在第三位，重要性明显下降。在旅游中，大多数居民最希望了解的信息是旅游地点和线路（70% 左右），其次是景区及相关的费用和旅游服务信息。移动互联网支撑下的手机客户端使用比例迅猛增长，近四成游客在 2014 年使用客户端预订，相比一年前增幅很大。

根据当前我国旅游经济和国内外宏观环境来看，预计到 2015 年，上述旅游需求特征不会有大的变化。可以预见的是，国民在旅游中对互联网，尤其是移动互联网的需求和依赖将会加大，旅游电子商务企业将获得更大的成长空间。

（三）2015 年旅游需求发展的机遇与挑战

1. 主要机遇

（1）宏观发展环境持续改善，国内市场稳定增长

2015 年是全面深化改革的关键之年，是全面推进依法治国的开局之年，也是全面完成“十二五”规划的收官之年。我国将坚持稳中求进的工作总基调，坚持以提高经济发展质量和效益为中心，主动适应经济发展新常态，保持经济运行在合理区间，把转方式调结构放到更加重要的位置，狠抓改革攻坚，突出创新驱动，强化风险防控，加强民生保障，促进经济平稳健康发展和社会和谐稳定。预计 2015 年我国 GDP 仍将维持 7% 以上的合理增长率。

（2）居民收入稳定增长，旅游消费需求旺盛

在宏观经济持续增长的有力促进下，城乡居民的经济收入稳步提高，旅游消费需求仍然旺盛，这是推动我国旅游业高速增长的强大内在动力。从 2014 年后三季度的旅游意愿调查来看，虽然较之上一年有所下降，但居民的旅游需求依旧十分旺盛，旅游消费意愿仍保持在 80% 左右的较高水平上。2014 年国庆长假期间，各大景区爆满，高速公路车流量巨大，旅游需求之旺可见一斑。自驾游、房车旅游、邮轮旅游以及修学旅游等旅游新需求将快速成长。

巨大的旅游消费需求不仅推动着国内旅游市场的稳定增长，也成为推动出境旅游市场成长的强大动力。随着中国公民赴美国、日本、印度尼西亚等国的签证政策更加宽松，中国公民出境旅游的人数和花费也将继续保持高速增长的态势。

（3）政策红利不断，旅游经济后劲充足

在强大旅游需求的有利形势下，如何通过政策调控合理释放旅游需求，促进旅

游业的有序发展，在推动地方经济的同时，提高游客的旅游满意度，显得至关重要。新世纪以来，中央政府推动旅游发展的政策力度较大。2014 年 8 月，国务院《关于促进旅游业改革发展的若干意见》（简称“31 号文件”）出台，是继国务院“41 号文件”《关于加快发展旅游业的意见》《国民旅游休闲纲要（2013—2020 年）》《旅游法》之后的又一旅游业重要纲领性文件。“31 号文件”的出台，既体现了国务院对发展旅游业的坚定决心，也为旅游业的发展提供了有力的政策支持。《旅游法》实施一年多，在打击零负团费、保障游客权益、规范旅游市场秩序、促进旅游资源开发方面产生了积极的影响。但在实施中也面临着不少阻力，2014 年 10 月召开的党的十八届四中全会首次将“依法治国”作为中央会议的主题，《旅游法》作为国家发展和治理旅游业的母法，在我国旅游业发展中将显现出更加突出的推动作用。适时的政策供给和支持，使旅游经济发展的后劲较为充足。

2. 主要挑战

机遇总是与挑战并存，未来我国旅游业的发展在拥有诸多机遇的同时，也面临不少困难和挑战，对此必须加以充分的认识并给予足够的重视。

（1）旅游供需矛盾突显，旅游服务和管理的创新能力有待提高

经过 20 余年的迅速发展，国内旅游市场已经成为我国旅游市场的绝对主体。我国大众旅游市场正由初级阶段向中高级阶段演化。旅游市场主体散客化、年轻化、个性化趋势更加明显。旅游市场需求与当代科技的发展高度融合。此外，当代旅游服务早已突破狭义旅游的局限，旅游服务的边界不断拓展，旅游和旅行服务的需求呈现多样化的态势。旅游市场消费模式已经发生了急剧的变化，除了传统的观光旅游外，休闲、度假、养老、研学、医疗保健、海洋、邮轮、自驾车、探险，甚至航天都已经成为老百姓旅游需求的新选项。以国民需求为支撑，以消费升级为驱动力的旅游经济成为新常态。而旅游市场供给基本上仍然停留在早期以入境旅游为主的发展思路，导致我们的旅游产品和服务无法涵盖新的市场需求。供给增量还主要依赖传统的自然、历史文化和资本要素的投入，而依靠技术、知识和人才驱动的商业创新还没有成为主流，市场竞争力和品牌影响力还有待进一步提升。旅游产业中小业态创新活跃，但传统的旅游企业和政府管理方式尚未能充分根据市场的变化及时做出调整，我们的政策往往跟不上旅游市场发展的步伐。

（2）旅游消费需求有待进一步释放

当前旅游消费潜力尚未充分释放，还有相当比例的国民大众，特别是广大农村居民、城镇低收入群体的旅游权利没有得到实现。综合性的政策设计还有待进一步推进。近期出台的“31号文件”提出培育20种以上的新消费形态，加上《国民旅游休闲纲要（2013—2020年）》，归根到底是要实现消费潜力的释放。旅游主管部门需要做好需求和消费的分类指导。要切实把大交通、国内旅游市场做好，把更多的休闲旅游需求释放出来。

三、扩大旅游消费需求的对策建议

展望2015年，中国的宏观经济将继续稳中求进，新政府的中长期改革措施有利于调整经济结构和服务业发展，经济前景总体乐观。政府应将积极培育大众休闲消费市场，有效引导商业创新作为工作着力点。

（一）培育消费热点，关注新业态发展

根据“31号文件”的要求，推进配套旅游设施的建设，运用市场化运作机制，引导智慧旅游在旅游公共服务建设方面的投入，完善养老、研学、医疗保健、海洋、邮轮、自驾车、探险甚至航天等新兴旅游产品的消费环境，培育新的消费热点。同时，针对重点客源市场、重点目的地和重点旅游企业，运用新技术创新入境产品设计和营销推广。加强对地方政府的旅游发展指导。加强对新业态的关注。通过实地考察，加强对新业态和新的旅游投资主体的了解。跟踪关注若干传统大型旅游集团的创新实践。

（二）进一步释放旅游消费需求，充分保障国民的旅游权利

各旅游目的地要顺应旅游消费升级的趋势，加强旅游公共服务设施建设，加快推进旅游产品转型升级，努力完善旅游产品体系。深入推进旅游与文化、体育、商

业、海洋、气象等相关产业的融合发展，创新旅游产品，积极培育旅游消费新热点。进一步优化旅游消费环境，稳步推进公益性景区逐步实现低价票，鼓励有条件的景区免费开放。推动带薪休假制度的全面落实，提高休假的时间弹性，给国民带薪错峰休假创造条件，减少旅游景区的拥堵，提高国民旅游休闲的质量。鼓励开展以国民大众消费为导向的节假日、暑期、会奖、福利和单位组织的旅游活动。鼓励金融机构提供更为完善的旅游消费信贷服务，开发适合旅游消费需要的金融产品。健全游客满意度评价体系，推动目的地综合性政策实施和环境改善。依法治旅，进一步加大《旅游法》的实施力度，规范旅游消费市场，在法律框架内切实保障游客的合法权益，尤其是要积极作为、主动回应游客反映强烈的欺客宰客、强迫消费、景区涨价、旅游安全等热点问题，让老百姓享受到更好的品质生活。

（三）引导国民休闲健康发展

1. 进一步培育国民的休闲意识

培育国民休闲意识是推进休闲产业发展的基础，各级政府应责无旁贷地采取措施提高国民的休闲意识。一方面，政府应该营造更好的休闲舆论环境，发挥宏观引导功能，促进民众休闲权利意识的觉醒，为全民休闲时代的来临创造主观条件。另一方面，政府应该培育居民的现代休闲意识，从思想上引导民众休闲文化观念的转变，强化民众对休闲的社会交往、科学教育、文化娱乐、体育健身等功能的认识，通过休闲发展来促进人的发展和素质的全面提升。此外，政府应该积极创新工作方式，通过加强休闲宣传教育、丰富民众业余生活、树立休闲典型示范等新的工作手段，推动民众形成健康积极的休闲生活方式，促使国民休闲更好地为经济发展和社会进步服务。

2. 推进产品创新，丰富休闲业态

政府应创新和丰富休闲业态，更好地满足民众的休闲需要。首先，提高休闲产业规模化、集约化、专业化水平，鼓励发展既有传统文化内涵又有时代精神、满足群众个性化需求的休闲新产品、新业态，构建现代休闲产业体系；其次，在财政、信贷、税收等方面出台相应政策，帮助小微休闲企业拓展业务、提升档次，做好资

本市场服务，鼓励大型休闲企业上市，完善经营性单位的法人治理结构；最后，建立国民休闲质量保障体系，保障休闲活动的安全、秩序和质量，维护公平竞争的休闲产业发展环境。

3. 推进城乡休闲公共服务的一体化建设

强化城乡休闲公共服务体系建设，缩小城乡休闲差距。首先，积极落实《职工带薪年休假条例》，完善针对民办非企业单位、有雇工的个体工商户等单位职工的休假保障措施。同时，增加城乡居民休闲时间弹性，缓解居民集中休闲造成的拥堵问题，鼓励各单位引导员工灵活安排休假时间。其次，以《国民旅游休闲纲要(2013—2020年)》为指导，完善休闲设施建设，保障休闲公共服务供给，为城乡居民营造良好的休闲空间。政府应继续推进博物馆、美术馆、休闲公园等休闲场所的免费开放，避免具有公益性质的休闲设施的过度商业化倾向，鼓励非营利组织参与到休闲产品开发中。此外，要着力扭转居民休闲二元化结构，将休闲发展政策纳入现有的城乡一体化政策框架，将休闲水平提升作为缩小城乡差距、促进城乡共同繁荣的重要目标。

第三章

旅游创业创新和产业新动态

自2013年第四季度以来，旅游产业景气指数逐“季”走强，总体“相对景气”。受科技商业模式创新、消费行为转变等多重因素的影响，旅游产业格局正在发生变化。星级饭店景气水平有所提升，但是高星级饭店业和餐饮业利润水平下降。景区景气水平相对最高，旅行社景气水平出现波动性下降趋势。基于互联网技术的小微新业态产业创新活跃，但传统业态的创新能力一直没有得到根本性的提升。以大数据技术为代表的新一代信息技术已经开始从消费市场逐步走向产业市场，在线旅游市场发展规模和速度空前。旅游投资活跃，大型企业投资仍是拉动全国旅游经济增长的重要力量。

一、旅游产业景气状况

总的来说，2014年前三季度旅游产业景气水平呈总体持续回升态势。前三季度景气指数分别为120、122.48和123.92。主要动力来自饭店业的景气水平持续回升。值得关注的是，旅行社、景区的景气水平呈现下降趋势，既说明旅游业结构性调整更加明显，也说明《旅游法》实施以来，对以旅行社、景区为重点的监管领域产生了实际影响。

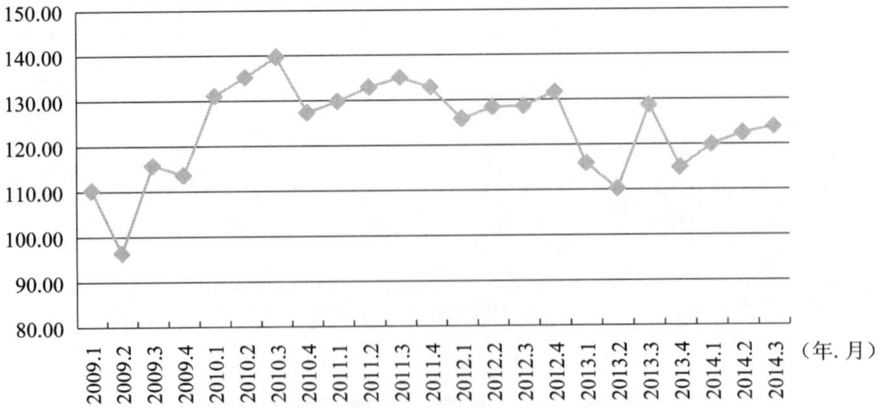

图3-1　2009~2014年旅游行业景气指数状况

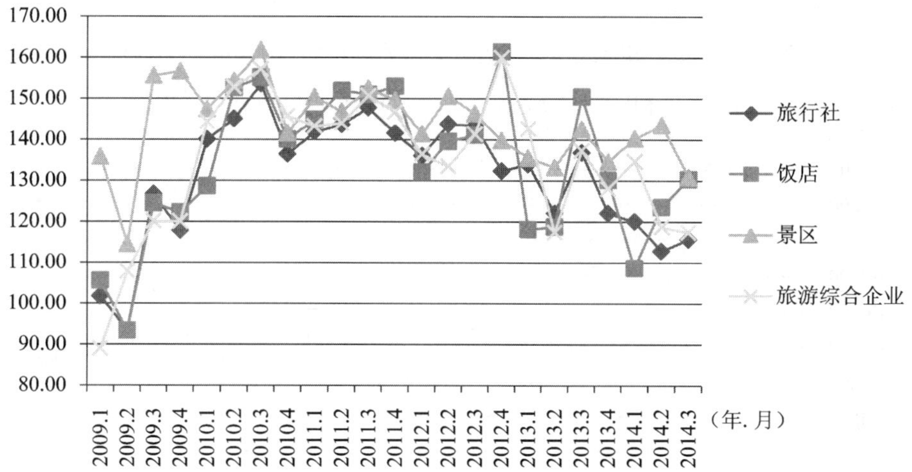

图 3－2　2009～2014 年旅游行业景气指数比较

（一）各行业景气指数分析

饭店行业　2014 年前三季度饭店行业景气水平呈现持续增长趋势，前三个季度的景气水平分别是 108. 63、123. 58 和 130. 32，由“微景气”区间回升到“较为景气”区间。据 2014 年星级饭店统计公报，星级饭店整体出租率和平均房价在当季度内有所上升。部分地区推出百元住五星级饭店活动来提升五星级饭店的出租率。中国旅游研究院的景气调查也显示出租率、现金流、预订人数等指标有改善的迹象。

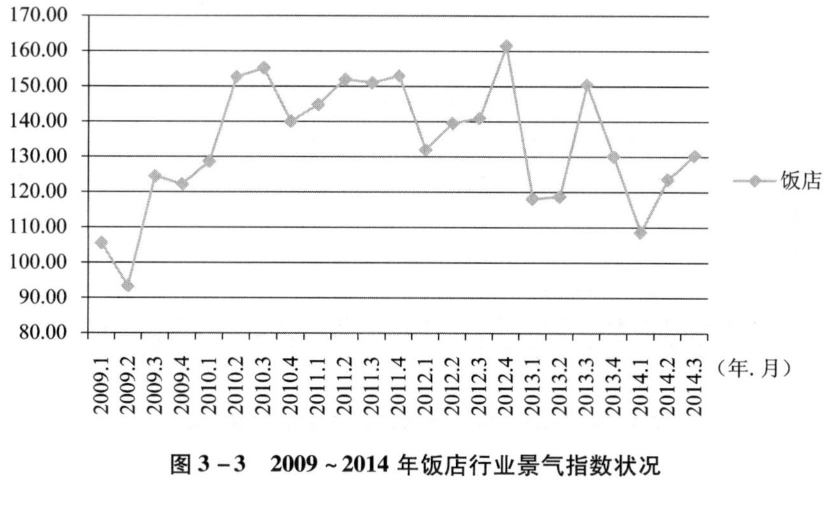

图 3－3　2009～2014 年饭店行业景气指数状况

景区行业　2014年景区行业景气水平有一定程度的波动，前三个季度的景气水平分别是140.24、143.53和130.82，处于“较为景气”区间。总体来说，本年度旅游景区发展成本较高，利润成本较低，景区创新能力有待进一步提高。

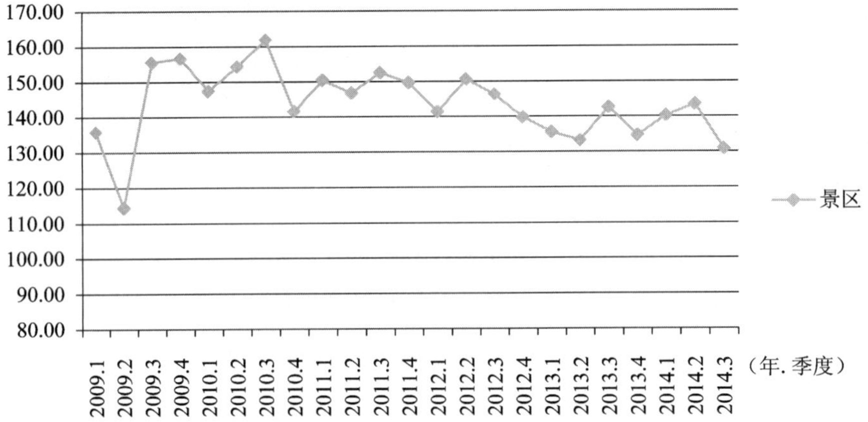

图3-4　2009～2014年景区行业景气指数状况

旅行社行业　2014年旅行社行业景气水平呈现波动性下降的趋势，前三个季度的景气水平分别是120.00、112.82和115.69，处于“相对景气”区间。从景气指标来看，“预订人数”、“接待人数”和“营业成本”等经营指标下降是旅行社景气水平下滑的主要原因。旅行社行业的盈利能力不断下滑，创新能力有待进一步提升。

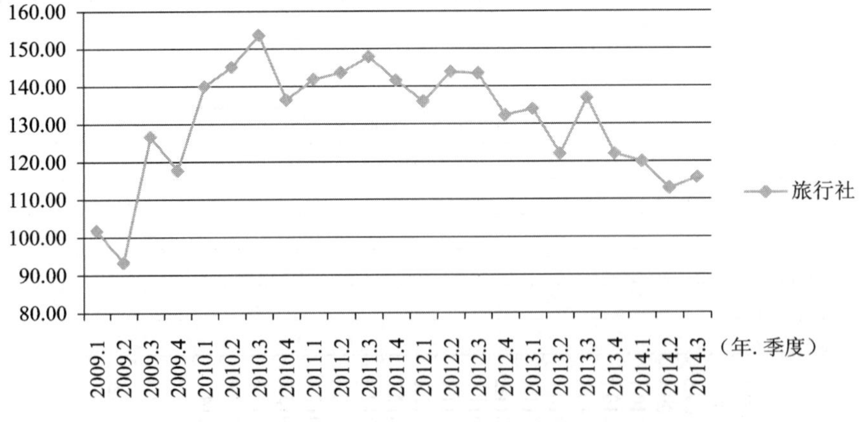

图3-5　2009～2014年旅行社行业景气指数状况

旅游综合企业　旅游综合企业景气水平同样呈波动性下降趋势，前三个季度景气水平分别为134.67、118.67和117.33，由“较为景气”区间下降到“相对景气”区间。旅游投资活跃。大型旅游企业投资仍是拉动全国旅游经济增长的重要力量。如以万达与百度、腾讯为代表的互联网企业大举向旅游业进军，旅游行业洗牌加剧。大连海昌以主题公园为载体，推动产业链向文化创新产业延伸。国旅海棠湾免税店开业，免税业的增长前景广阔。长隆和古北水镇在景区建设上的大举投资，对区域旅游产业乃至全国旅游业的拉动都具有重要作用。2014年中国旅游年的主题为“智慧旅游”年，旅游集团加大了对智慧旅游企业、智慧旅游景区以及在线旅游服务平台的投资和建设。科技创新以及针对细分市场的商业创新受到社会资本的青睐。

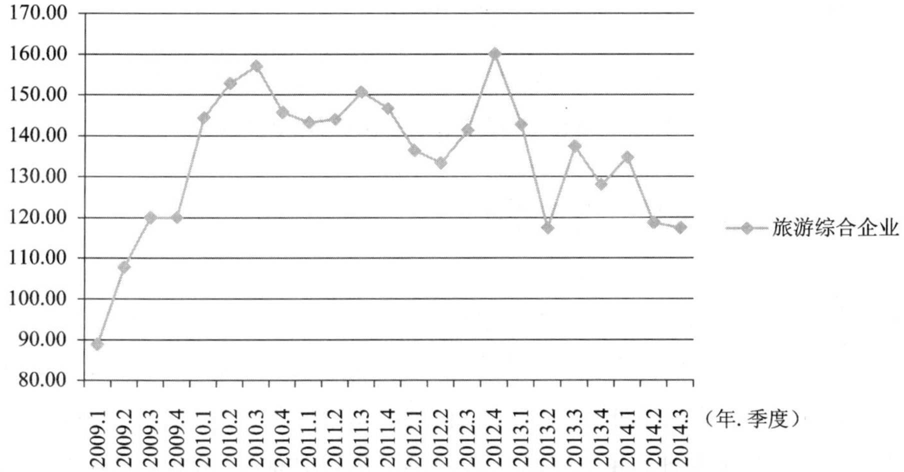

图3－6　2009～2014年旅游综合企业景气指数状况

（二）各地区旅游景气指数分析

东中西地区景气水平总体走势一致，区域旅游发展趋向协调，但略有差异。从2014年前三季度的各地区景气水平来看，东部地区景气水平呈现稳步递增上升状态，前三季度景气水平指数分别是121.18、122.27和124.25。中部地区景气水平波动较大，尤其在第二季度景气水平出现大幅增加，景气水平由第一季度的114.47上升至第二季度的129.07，又在第三季度回落到125.00。西部地区景气水平呈现出与中部地区相反的变化，由第一季度的121.57下降至第二季度的116.89，第三季度又回升到121.94。总体来看，景气水平区域间分布比较均衡，区域旅游发展更趋协调。

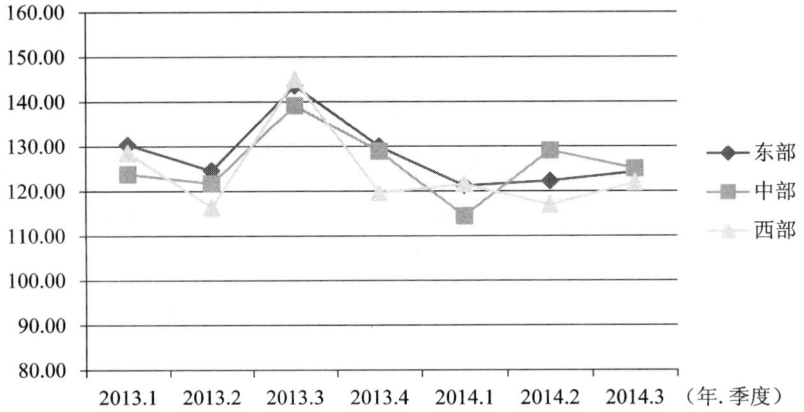

图3-7 2009~2014年旅游行业景气指数状况

（三）各分项指标景气指数分析

2014年前三季度旅游产业分项指标景气指数主要经营指标均有小幅变动。其中，企业对预订人数、接待人数、门票价格、营业收入、利润水平、从业人员、员工工资的预期都出现第二季度最高而第一和第三季度较低的情况。固定资产投资恰恰相反，在第二季度降到最低。值得注意的是，虽然其他分项指标都有所变动，但营业成本却一直处于小幅递增的状态，前三季度的景气指数分别是130.24、133.44和136.16。

二、饭店业发展状况、趋势与建议

（一）饭店业发展现状

从2013年开始，饭店业特别是高端业态的市场表现出从繁荣的顶点向下的回调。2014年地方政府、房地产企业和境内外的战略投资者仍然对饭店业保持投资热情，中端酒店、精品酒店、度假酒店等领域明显带有发力成长的迹象，中国饭店业已经逐步走出低迷。总的来说，当前和今后一个时期的中国饭店业，正在进入理性调整的关键时期，并在为下一轮的产业发展孕育着新的能量和动力。

1. 发展环境改善， 正常压力正转换为发展动力

2014 年，在经济下行和“倡导厉行节约，反对铺张浪费”的外在压力下，饭店企业纷纷寻求转型、升级和创新。其实，饭店业的转型升级早已势在必行，“八项规定”等政策造成的压力只是外在的促发因素，为饭店企业进行变革创新创造了良好契机。

饭店行业本身存在变革创新的内在要求。饭店是一个传统的劳动密集型行业，并且是一个微利行业，绩效增长压力很大，区域不平衡和档次结构不平衡较为显著，同时也面临增长乏力的困境。这种绩效和价值增长压力需要转化为创新发展的动力。饭店对政务市场的过度依赖束缚了企业的创新能力。在市场化程度高的国家或地区，饭店对政府客源的依赖度是较低的，中国的饭店业去政务化是一个趋势，是迟早要发生的。去政务化将促进饭店业释放出更大的发展活力。

饭店业正在成为一个现代服务业。从传统向现代过渡必然要经历一个变革创新的过程，包括饭店业态创新、商业模式创新、体制机制创新、运营管理创新、产品创新、服务创新以及行业管理体制创新等。随着人们外出旅游、度假和商务、政务等活动的愈加频繁，对饭店的需求会更加旺盛。作为一个古老而现代的行业，国家倡导勤俭节约和转变作风的政策虽然在客观上对饭店行业发展造成了一定压力，但在主观上国家并无打压饭店业发展的想法。事实上，我们面对的更多的是积极因素，饭店业的发展政策环境处于历史上的最好阶段。

国家提出建设小康社会的目标和发布国民旅游休闲纲要，将逐步提升国民消费力、休闲时间和休闲意愿，创造国民有钱、有闲和有意愿去休闲度假的必要条件，利好度假饭店的未来发展。协调推进城镇化已纳入国家顶层设计，国家将在继续发展 3 个国家级城市群和 7 个区域型城市群的基础上，再打造 10 个区域型城市群，这将大大地拓展饭店业的发展空间。国家金融、税收、法律等政策也有利于饭店业的改革创新。国家正大力推进信贷资产证券化试点，饭店 REITs 将有望在深圳前海金改区和中国（上海）自贸区率先进行试点；海南探索发展博彩业的呼声很高，饭店、邮轮等与免税店、博彩的结合未来有望在海南优先开放；国家对于企业走出去和并购重组都发出了鼓励和支持的信号，饭店集团完全可以在这方面有更大的作为；银联刷卡手续费率降低对饭店企业而言相当于减税，低碳环保补贴可有效降低饭店的建设和运营成本，宽带中国等政策将加快推进饭店信息化建设和进一步提升饭店运营效率。文化强国战略将为饭店建设和管理注入文化灵魂，并促进中国饭店“中国服务”模式的实现。《旅游法》的推出，将有助于推动饭店业的诚信建设和促进行业发展更加规范，加强对消费者权益保护，为分时度假模式在中国的发展创造了条件。

总之，饭店行业发展的政策环境正逐步趋好，我们应该以更加积极的心态面对行业未来的发展。

2. 饭店业发展尚处于初级阶段，发展空间广阔

中国饭店业的发展尚处于初级阶段，发展空间广阔。这主要是由饭店业目前的几个特征所决定的。

一是规模快速增长。根据国家统计局对规模以上住宿业投资的统计，2007 年到 2011 年的 5 年时间，住宿业投资平均增速高达 33.5%，2011 年住宿业投资规模达到了 2900 亿元，其中新建项目投资占比高达 76.5%。由此可见，中国饭店业规模增长势头可以说是非常强劲的。虽然近两年增速有所放缓，但比较而言仍处于高速增长期。

二是业态发育处于初级阶段。近年来，饭店业态不断创新，新的业态不断涌现。从商务饭店到度假饭店、主题饭店、精品饭店、公寓式酒店，再到设计师饭店、生活方式饭店，以及目前渐热的健康养生养老饭店等，都是饭店业态的横向拓展。由此也诞生了一批具有一定代表性、创新性的连锁饭店集团。从风险资金对饭店业的介入轨迹看，经历了对如家、7 天、汉庭等经济型饭店的投资，到对维也纳、桔子、时尚旅等中端饭店的投资，再到布丁、99 旅馆连锁等更为细分的经济型饭店，地中海俱乐部等度假饭店的投资以及途家网等度假租赁业态的投资。最近，风险资金开始对精品饭店表现出浓厚的兴趣。风险资金看好的行业或业态基本上是处于发展先导期，预示了行业的未来发展方向。

三是面临很多成长中的烦恼。伴随着 4 万亿元的经济刺激，高端饭店的投资近年来也是持续“发烧”，随着“八项规定”“六项禁令”以及禁建楼堂馆所等政策的严厉执行，给这一发展势头浇了一盆冷水，高端饭店的投资热将逐渐冷却，目前正处在从非理性发展向理性发展的转变过程中。中低端饭店近年来也是麻烦不断，出现了“毛巾门”“空气质量门”等一系列成长中的烦恼——青春期“小痘痘”。高端饭店的高速成长带来的另一个负面产物就是饭店的结构性不均衡问题，包括档次结构、区域结构及存量资产与新建饭店比例结构等问题。

3. 饭店业积极拥抱新技术，开启智能化时代

当人们还在探讨饭店业的信息化、数字化的话题时，饭店业的智能化时代已悄然来临，智能化技术已覆盖到饭店业的方方面面。

在饭店营销和预订方面，新的展示技术使得旅游者对饭店的感知更加身临其境，现场感、掌控感和交互感不断增强。目前，展示饭店的手段已从360度全景和街景技术结合的三维展示迅速向基于三维地理信息系统的可视化技术发展。

饭店入住变得更为快捷智能。机器人可以负责帮客人放好行李箱。借助于物联网、二维码和蓝牙等技术，扫描二维码或感知手机虚拟钥匙就可以进行check in、打开房门和对在饭店期间的消费进行结算和支付。如果是在前台订房间，通过智能化交互展示，饭店前台人员和客人能同时看到客房状态，客人感兴趣的话还可以直接进入三维可视化的房间查看房间功能和朝向等，从而做出更好的选择。

在饭店体验期间，客房的智能化控制技术能够让客人通过智能手机、iPad、手表、眼镜等个人终端或饭店的iPad、智能电视等设备实现生活与娱乐需求的自我管理和控制。

饭店的智能化技术还可以广泛应用于饭店日常管理、教育培训、节能环保、应急安全管理等多个方面，全面提升饭店服务品质和运营效率。智能化并非高端酒店的专利，微智酒店完全可以凭借其优化服务流程，控制运营成本，让客人获得极高的性价比。

4. 饭店业并购热情高涨，尝试与新金融手段的结合

在整个行业经营数据下滑的背景下，饭店行业的并购投资热情却开始高涨。国内饭店集团和大型企业集团已经开始通过兼并收购等手段在全国以及世界范围内进行市场布局。

（1）并购渗透各业态

一是经济型饭店并购仍如火如荼。由于小型经济型饭店集团难以形成规模优势，其最终归宿就是被大型饭店集团收编。2014 年 5 月，如家酒店集团以 2.3 亿元收购云上四季酒店管理有限公司 100% 的股权。6 月，北京欣燕都酒店以 2548 万元的价格收购雅客怡家快捷酒店管理有限公司 65% 的股份。7 月，南京布丁酒店管理有限公司以 1171 万元的价格成功获得金陵饭店股份有限公司全资子公司南京金一村连锁酒店有限公司 100% 的股权。二是中端饭店并购被看好。2014 年锦江股份引入战略投资者弘毅资本。精品饭店并购开始预热。2014 年 7 月，华住集团战略投资景域集团旗下精品度假饭店品牌帐篷客；上海凯诗帝饭店管理公司在一个月的时间内成功收购了上海雅悦酒店和上海 JIA 精品饭店。此外，从投融资主体来看，房地产商表现出了极大热情，尤其是在国际市场上表现出了较大的野心，如万达、恒大、碧桂园等都积极在海外开拓饭店业务。

（2）酒店集团并购旗下饭店管理公司

饭店集团从重资产向轻资产转型。“轻资产重品牌”是国际饭店集团的经营模式，也是国内饭店集团正在追求的方向。以“轻资产重品牌”输出的管理模式将会是未来饭店投资发展的新方向。从实践运作来看，饭店管理公司“轻资产”输出既不存在饭店“重资产”投资风险，又能够主动掌控自有品牌运营标准与质量，具有更稳定的收益保障，同时也能通过饭店品牌输出提升品牌知名度、影响力与竞争力，实现饭店管理业务的稳健发展。2014 年 6 月东方宾馆以超过 6000 万元价格购买岭南集团的全资子公司岭南国际酒店管理有限公司 100% 的股权。此外，还有金陵酒店集团收购金陵酒店管理有限公司，首旅集团并购首旅建国等。

（3）饭店业试水混合所有制

2014 年《政府工作报告》提出要“加快发展混合所有制经济”。国企民企融合成为新一轮国资国企改革重头戏，饭店业也加入到了这一改革潮流。北京首旅酒店股份有限公司全资子公司北京欣燕都酒店连锁有限公司以 2548 万元，通过增资和股权收购方式获得河北石家庄雅客怡家快捷酒店管理公司 65% 的股权；2014 年 6 月，首旅酒店以 2.8 亿元现金成功获得南苑股份 70% 的股权。首旅酒店付出 3 亿元资金收购这两家民营饭店，一方面是扩张市场，另一方面是加速实现“品牌 + 资本”的战略规划；同时，也符合混合所有制发展大潮，有利于饭店经营效率的提升。

（4）饭店集团的海外并购

随着中国市场日趋成熟，经济增长放缓，以及中国出境游消费市场的迅速崛起，很多国内饭店集团开始向国外市场进行拓展。海航集团以约 11.19 亿元人民币的价格，从意大利联合保罗银行手中收购 3056 万股欧洲排名第三的商务连锁酒店 NH 酒店股份。2014 年 6 月万达确定收购位于西班牙马德里的地标建筑——西班牙大厦；8 月，万达在澳大利亚完成对黄金海岸市珠宝三塔项目的并购，成为万达在海外布局的第五个五星级饭店。其他行业也开始介入海外饭店并购。开元控股有限公司于 2014 年 6 月以 3.45 亿欧元总价收购法国巴黎香榭丽舍万豪饭店及管理公司。2014 年 8 月，激成投资向独立第三方收购美国纽约市曼克顿酒店。2014 年 6 月，富华国际集团顺利完成对墨尔本地标建筑柏悦酒店的收购，交易包括柏悦酒店 240 间客房以及毗邻的停车场。

饭店信托基金（REITs）对饭店资产处置的过程，实际上是一种资产证券化的过程，即将饭店资产从不动产转变成为可以流动的证券资产。作为一种金融创新，饭店信托基金对饭店行业发展作用巨大。国家正大力推进信贷资产证券化试点，饭店信托基金将有望在深圳前海金改区和中国（上海）自贸区率先进行试点。

众筹模式兴起后，饭店行业也开始尝试将分时度假交换系统与众筹金融模式相结合的发展路径。如蓬达集团提出以蓬达 CPE 酒店交换平台的易通为依托，以消费转化资本为工具，使广大的饭店消费者在入住饭店的同时获得饭店的股权，成为饭店的股东，从此以后免费住饭店，成为众筹创业者。蓬达已经在上海丽君酒店实施这一模式，未来计划在全国范围内进行拓展。

（二）饭店业发展趋势

市场面上，国民旅游是市场基本面持续向好的有力支撑。旅游总量仍有增长的空间，关注结构的变化，持续增长的民间需求将推动饭店业的常态化发展。民间消费正在崛起，未来将形成民间、商务与公务三驾马车鼎立之势。任何时候，公务和商务旅游都是客观存在的，随着经济社会的发展，这块市场还会进一步扩大，但是政府公务消费规模在缩减，档次在下降，依靠政府消费支撑的奢华消费将有所萎缩。

事实上，诸如春节期间三亚高达数千元一个间夜的市场本来就不是常态。考虑到酒店大客户群体的基础往往是国有企业的差旅消费、奖励旅游和会议消费，也要做好这部分市场预期稳中有降的心理准备。今后，民营企业特别是中小企业和国民旅游休闲消费将是酒店主导性的消费市场。有理由对中国旅游与旅行市场，也就是饭店业的市场基本面保持相对乐观的预期。尽管入境旅游市场下行压力不减，高星级饭店和高端餐饮企业景气值仍处于低位，但受宏观经济平稳运行、大众市场信心和企业家预期相对较高的影响，旅游消费保持了平稳较快的增长。在高端酒店景气下行的同时，中端酒店发力，基于互联网的旅行服务和住宿业创新活跃，旅游投资趋于理性。

投资面上，既要关注多元主体的分散增量，也要关注存量创新与产业重组。政府直接投资正在减少，但是政府的力量仍然无处不在；产业投资在兴起，但是体量有限，对于未来的预期不明晰，更有不安全感，一部分资金开始往国外走。旅游开发或者城市综合体中的酒店项目，以新建为主，二、三线城市是主力，鉴于多年来形成的投资惯性，转变发展方式尚需要一段时间。伴随品牌创设而来的轻资产投资正在兴起。不同于传统业主对高端酒店的重资产投资，也不同于管理公司的品牌特许和受托管理，早期的如家、7天、汉庭、锦江之星，后来的维也纳、桔子、布丁，以及刚刚完成品牌研发，正在准备进入市场的麗枫、全季、亚朵等中端酒店项目，普遍采取了租赁、改造和直接经营的方式。这种轻资产的投资方式虽然单体的量不是很大，但是成百上千的投资计划还是会从根本上改变中国饭店产业格局。与此相关的还有既有酒店项目的定期改造与产品升级所带来的分散化投资，比如传统酒店对智能化和环境保护方面的专项投资，还有像7天优品、7天阳光等高端经济型饭店升级的定向投资，都是在研究中国酒店投资时必须关注的动态。住宿业的外延不断拓展。远洋邮轮、豪华邮轮、海上浮动岛、房车等新的融旅行、住宿于一体的新兴住宿业态正在进入我们的视野。而以途家为代表的度假租赁业态的发展，也正在颠覆传统上对饭店业和住宿业概念的认知，特别是对酒店的统计和运营提出了挑战，但对于消费者而言却是福音，又多了一个不错的选择。

酒店的资本属性和金融属性日益凸显。在酒店结构性过剩背景下，酒店的交易渐趋活跃，有的酒店开始寻找买主，有的资本在寻找待出售的酒店。例如万达集团，在国内市场出售一些酒店资产，但同时在境外寻找收购标的。考虑到养老等寿险基金、信托基金、战略投资者的介入，不排除近期会有一个酒店并购的小高峰。酒店资产也正在寻求与证券、股票等金融市场的对接，例如海航酒店集团正在寻求通过借壳在港交所或 A 股上市，而信达资产和高盈资本也在中国市场寻求酒店资产证券化业务的投资机会。以房地产企业和基金管理者为代表的投资主体多元化、品牌创设和产品创新的兴起，正在为中国酒店投资领域注入新的生力军，并带来生机和活力。产业链条的延展和业态的分化与融合，足以让我们对今后一个时期的酒店投资充满期待，并保持向上的信心。

相对于政府的宏观调控，需求、科技与文化创意对酒店投资的影响力正趋于增强。尽管银行早就对酒店等商业地产释放了限制贷款的信号，但是到目前为止，国家并没有出台限制酒店投资的产业政策，理性的、符合市场需求的酒店投资正在走到台前。

新的市场需求催生新的投资机会。国民大众的旅游需求和消费模式的变迁，不仅决定着酒店投资的方向、规模与结构，也对酒店投资的空间布局、业态选择和产品组合产生影响。虽然高端酒店总量过剩，但中国幅员如此辽阔，仍然会有新发展起来的区域有建设需求。例如，在一、二线城市甚至三线城市高端酒店的客房数量已经饱和，但随着国家新型城镇化建设的推进，新的城市圈正在形成和崛起，各类住宿业态需求也随之出现，住宿业投资特别是展示这个地区形象的高端酒店投资也就首当其冲，顺理成章。出境旅游多年的兴旺已经开始带动国内资本追随中国人在境外的足迹去投资酒店物业。2013 年我国出境旅游 9800 万人次，在境外消费达 1286 亿美元，增速分别达到 18% 和 26%。海航集团、开元旅业、君澜酒店集团等纷纷收购海外酒店物业，复星集团、万达集团以及重庆康德集团、四川兴力达集团等也瞄准了海外的酒店资产。而高速成长的中国出境旅游消费群体正是这一投资趋势的市场推动力。

技术在提升促销、预订、支付、运营效率的同时，也正在提升消费者的体验。互联网、移动互联网、大数据、智能化等技术不仅对销售渠道和支付手段带来巨大冲击，对酒店设计、运营管理以及消费体验都带来了颠覆性影响。过去是资本雇佣劳动，资本购买技术，在知识和技术主导变化的今天，也许劳动雇佣资本，资本为技术服务，技术为消费者和企业服务。技术创造独一无二体验的时代正在到来。

文化升华了酒店的内涵，也为消费者的体验提供了不可或缺的添加剂。青年一代的价值观正在成为主流，看着各类选秀节目成长起来的年轻旅游者更愿意为自己的核心消费需求付费，而不是为了那些华而不实的项目和带有表演性质的服务付费。无论是商务旅行还是观光休闲，他们都愿意享受自主的生活方式。有调查表明，客人到店后更关注有没有免费的 Wi-Fi，而不是有没有游泳池；更关注有没有可以和其他人——无论是旅行者还是当地人——自然交流的咖啡厅，也就是时尚的实体社交平台，而不是“高大上”的多功能厅。生活观念的影响如此强烈，以至于酒店投资者和品牌研发者越来越注意倾听来自时尚、文化和社会各个领域专业人士的意见与建议。

如今，基于本土市场需求和原创品牌的酒店投资，正为下一个十年的黄金发展期奠定更加坚实的市场基础，并将为全球饭店业带来真正的中国元素和中国风格。与过去相比，不仅要关注外国人到中国和中国人在境内的市场需求，还要关注中国人在境外的旅游需求所带来的投资机会，以及中国企业家在世界范围内的投资战略和品牌拓展。

（三）饭店业发展对策

1. 注重跨界合作的营销新契机

跨界合作指的是跨越两个不同领域、不同行业、不同文化等范畴而产生的一个新行业、新领域、新模式、新风格等。这种创新，常能带来全新的用户体验。跨界合作在饭店业越来越普遍，当下，饭店业界有这样一种说法：互联网时代的饭店业要发展，跨界合作是必由之路。饭店与知名供应品牌合作共赢，与房地产之间相互影响与推动，联合电商、媒体共同营销发展等，都已成为饭店营销道路上不可或缺的“跨界合作营销”。当然，除了跨界合作之外，饭店更应整合好上下游资源，注意平台效应，利用好供应商、顾客等各种闲置资源，让更多业务单位有一个创新的能力。

2. 倾力塑造品牌，提升品牌价值

饭店品牌的溢价高于饭店资产溢价，中国要走向全球的不是资产，而是品牌。喜达屋、希尔顿、温德姆、洲际、凯悦国际酒店集团利用其品牌优势积极布局国内

高端度假市场，并力图使其品牌内涵更深入人心。本土饭店集团也力图在度假市场上有所作为，通过加快布局提升品牌影响力。开元酒店集团在建或新近开业的度假饭店就有禅养·开元度假酒店和沧州盛泰开元温泉度假酒店。

在品牌的具体塑造上，度假饭店也孜孜以求。如三亚君澜度假酒店将自身品牌定位为“顶级休闲度假酒店”，以“品质度假”为核心进行市场推广，为了充分阐释其品牌内涵，三亚君澜度假酒店将之细化为：“以软件、优秀员工自豪”和“不以常规服务自信，以差异个性服务自信”。三亚君澜度假酒店希望为客人营造拥有如“俱乐部”一般的时尚氛围，如“博物馆”一般的文化艺术氛围，如“家”一般的温馨氛围的舒适居住空间并提供客人期望得到的服务。

3. 智能化与人性化并重

酒店智能化是以通信新技术、计算机智能化信息处理、宽带交互式多媒体网络技术为核心的信息网络系统，能为消费者提供周到、便捷、舒适称心的服务，满足消费者“个性化服务，信息化服务的需要”，应该是21世纪新经济时代酒店业发展的方向。但在打造智能化酒店的同时，应当保持其人性化。智能化的目的是为了更好地服务客户，使客户有“家”的感觉，更加方便，更加便利。因此酒店应当做好对客户入住使用智能化设备的说明工作，充分使“智能化”更加“便利化”。

4. 加快专业人才的培养

人才培养一直是我国饭店业的短板，不良的薪酬体系和不规范的人才培养结构造成我国饭店业整体可持续发展能力不强。实际上，国际饭店集团主要的竞争力就在于专业人才的培养，只有拥有足够的专业人才才能够在竞争中立于不败之地。一个基本的经验是，越是奢华顶级的饭店品牌，对专业人才的需求标准就越高。因此，从高端奢华饭店开始培养人才不仅有利于饭店产业结构的调整，而且有利于经济效益和竞争能力的提高。

5. 加强收益管理

随着星级饭店市场逐渐趋于饱和，竞争变得越来越激烈，中国饭店业已步入微利时代，一些饭店经营陷入困境，生存发展举步维艰。越来越多的饭店经营者意识到采用收益管理技术和策略带来的财务优势，收益管理这一概念的认知度正在不断增加。收益管理是一项系统工程，饭店在实施收益管理战略时应做好以下几方面的工作：创造收益管理文化氛围，普及收益管理知识；制订明确的利润计划；做好基础工作和数据积累。目前我国大多数饭店的经营还是靠经验管理，并不注重数据积累和分析，许多饭店自身历史数据残缺，不注意对竞争对手的数据的搜集。收益管理是以对未来市场的精确预测为基础的，饭店必须做好数据的收集工作，提高数据的准确性，为预测提供可靠的依据。

三、旅行服务业发展状况、趋势与建议

（一）旅行服务业发展现状

在面临第三次工业革命的今天，旅游业作为典型的信息密集型和信息依托型产业，与电子商务有着天然的适应性，互联网的变革孕育了丰富的旅游新业态，重新构建了旅游业的产业链条。这些业务的经营主体，使得过去未纳入旅行社类别的多种旅游服务机构开始进入旅游服务业的范畴，传统旅行社的业务不断被新兴产业主题侵蚀，旅行服务的外延正在经历被动扩充的历史阶段。

1. 传统旅行社转型升级，实现创新发展

在《旅游法》的出台、在线旅游企业迅猛发展、自驾游的兴起的大背景下，传统旅行社正处于转型升级的关键时期。虽然从目前的旅游市场情况来看，旅行社实体门店依然是国内主要旅行社企业的主体营销渠道，但是在各种新兴的在线旅游运营商的挑战面前，传统旅行社的业务正在不断被蚕食，《旅游法》的实施增加了中小型旅行社的经营成本，同时自助游比例的快速上升也在不断侵蚀着中小型旅行社的市场份额。因此如何在市场中把握自己的发展优势，成为传统旅行社实现创新发展的重要突破点。其实，从本质上来看，传统旅行社拥有渠道和提供个性化服务的良好优势。在线旅游企业多提供的是标准化的旅游产品，而传统旅行社往往可以根据旅游者的不同需求，主打服务优势，保证服务优势和质量，从而在新浪潮中获得

长足发展。

2. 旅行社进一步扩大出境旅游业务

全国旅行社业务主要有国内旅游业务、出境旅游业务和入境旅游业务三部分。2013 年度全国旅行社组织国内旅游 12855.72 万人次、40842.95 万人天，分别同比减少 10.53%、5.94%；接待 14519.50 万人次、33829.29 万人天，分别同比减少 10.94%、11.92%。2013 年度全国旅行社组织出境旅游 3355.71 万人次、16763.62 万人天，分别同比增长 18.55%、28.74%。出境旅游市场依然保持增长趋势，增长率有所下降。2013 年度全国旅行社入境旅游外联 1447.52 万人次、6063.22 万人天，分别同比减少 11.93%、11.91%；接待 2047.15 万人次、667.75 万人天，分别同比减少 13.50%、14.21%。

从以上数据不难看出，国内旅游市场虽占主导地位，但出境旅游市场增长迅速，不论是出游人数还是出游人天数都有所增长，出境旅游意愿大大加强。

3. 跨界经营合作不断涌现

随着大量异业资本进入旅游业，引发了旅行社并购风潮。2013 年 10 月，万达集团在 12 天内分别并购了湖北新航线国际旅行社有限责任公司和北京环行五洲国际旅行社，率先拉开了旅行社并购浪潮的序幕。之后，万达集团高调表示其旗下的万达旅业公司将在全国主要客源城市并购数家旅行社，加强核心营销渠道规划，计划 5 年内进入中国旅行社行业前三名，表现出了强势进军旅行社行业的决心。跨界投资和资源整合让旅行社行业资本活跃程度大增，也带给整体市场更多想象空间。

随着互联网的迅猛发展，在线旅游业务快速渗透。从市场主体发育来看，一方面，以携程等为代表的旅游在线运营商迅速壮大崛起，而去哪儿、同程、艺龙、驴妈妈、途牛等在线旅游供应商及平台同样发展迅猛，业务增速明显高于诸多传统出境组团社。另一方面，百度、淘宝、中航信，甚至 Priceline、Expedia 等国内外大型企业集团也都通过各种途径进军国内在线旅游市场。旅行社的合作领域可以扩展到会展、高尔夫、自驾游俱乐部、邮轮、婚纱拍摄等，推出一系列富有个性化的旅游产品。

4. 旅游电子商务市场规模壮大

2014年三季度中国在线旅游市场交易规模达726.4亿元，环比增长15.2%，同比增长20.0%；OTA市场营收规模为39.5亿元，同比增长21.0%。2014年第三季度中国在线旅游OTA市场集中度进一步加大，其中，携程营收占比55.9%，艺龙占9.7%，同程占6.3%，三家企业合计占比接近72.0%。在线旅游的增长主要取决于在线机票、酒店和度假等业务的增长。机票方面，2013年在线机票业务总交易额约为1544.6亿元，同比增长26.5%。在线机票预订业务趋于成熟，在整体机票预订中渗透率较高，出现增速放缓态势，但由于其高客单价的特点对在线旅游整体贡献较大。相比之下，受到在线休闲旅游迅速崛起的影响，其重要组成部分酒店和度假业务迎来爆发性增长期，其中度假业务在整体在线旅游市场中所占比重也逐年升高。

在线酒店业务方面，我国的酒店业集中度较低，除少数高档酒店及经济型连锁酒店外，中小单体酒店仍是酒店服务的主要提供商，目前酒店业渗透率仅2%左右。从门票市场整体来看，2014年以来，门票在线预订量呈现高速增长趋势。相比机票、酒店和门票等标准化产品，在线度假市场内涵丰富，渗透率低（仅9.2%）。中国度假休闲游需求强劲，并进一步带动租车、度假公寓等业务的增长。在线度假市场将成为在线旅游核心增长领域。另外，随着在线短租、在线租车和打车业务的兴起，在线旅游市场将迎来新增长点。

（二）旅行服务业发展趋势

1. 不同类型企业间的市场份额动态消长

从旅行社统计公报看，2013年传统旅行社业务从“两升一降”到“两降一升”的态势转化，全国旅行社国内旅游营业收入1762.11亿元，同比减少6.19%；出境旅游营业收入1157.19亿元，同比增长23.62%；入境旅游营业收入270.15亿元，同比减少4.32%，国内旅游和入境接待业务下降的趋势在2014年愈发明显。

艾瑞的宏观数据显示，2013年中国在线旅游市场交易规模达到2204.6亿元，同比增长29%。其中，在线机票市场交易规模达1318.3亿元，在线酒店市场交易规模达485.4亿元，在线度假市场交易规模为303.0亿元。仅仅OTA市场营收规模就将达到 117.6 亿元。预计 2017 年旅游市场交易规模将达到 4650.1 亿元，复合增长率将达到 20.5%。从微观主体上看，预计 2014 年，携程、途牛旅游度假业务将双双达到 50 亿元销售额规模，与去哪儿网、同程、驴妈妈、淘宝旅行、欣欣旅游网、在路上等新型业态共同瓜分传统旅行社的市场份额。

传统旅行社业务与宏观旅游增长态势之间的不同构成，说明了传统旅行社业务在一定程度上的萎缩，与之形成鲜明对比的则是新兴旅行服务机构的崛起与明显的替代效应。

2. 移动互联渐显独立的业态支撑力

互联网和移动通信相结合的商业应用发展迅猛，对旅游和旅行服务业的影响已经从辅助和配合的角色走向了前台，已经悄然演化为相对独立的业态创新支撑力量。在一定程度上，旅行社的货币资本、并购战略、人力资源等生产要素，市场推广、产品研发和服务流程设计开始围绕科技应用的方向进行配置。移动通信进入 3G 时代以后，特别是所谓的“云计算”进入了概念普及化阶段以后，客源市场的终端表现形式开始具化为智能移动终端。当越来越多的智能移动设备上安装包括电子地图、天气预报、航班动态、火车时刻表查询，以及包括景区、电影、餐饮、酒店、购物、主题公园的位置、项目和价格信息的 APP，并且能够在数秒时间里完成预订与支付手续的应用场景下，互联网和智能手机不但改变了人际交往的方式，也改变着人们的旅游消费模式。

3. 资本驱动旅行服务业的快速融合

随着技术驱动和业务增长，旅行服务业在消费升级的时代表现出强劲的发展动力，资本在逐利的驱动下，快速涌入旅游服务业，带来了旅游服务业的快速融合，体现为包括旅行社在内的大量相关业务组织的重组和并购行为。

2013 年全国在线旅游领域全部投融资（包括 VC、PE、IPO、债券、并购等）42 起，超过千万元级别的典型企业投资 8 起，投资机构中除了 VC（风险投资）外，携程、艺龙等旅游企业及 BAT（百度、阿里巴巴和腾讯）三家均加入投资行列。出境旅游、旅游新业务、移动旅游、旅游社区及 B2B 旅游也受到业内青睐。截至 2014 年 6 月 20 日，国内在线旅游行业共计发生投资事件 39 起，数量与 2013 年全年基本持平，根据虎嗅网的统计，2011～2014年上半年在线旅游的投资案例呈突飞猛进增长，融资事件分别为16、22、39、38起。预计2014年上半年，融资金额累计超过50亿元人民币；2013年全年，融资金额超过30亿美元。巨量的资本驱动了行业的变革和产业链条的重构。

（三）旅行服务业发展对策

1. 分类指导，延展对广义旅行服务业的监管创新

携程、去哪儿等一批基于互联网的旅行代理商的出现，让我们看到了科技应用和商业模式变革的进步。总体而言，26000余家正式注册的旅行社依然处于从传统服务业向现代服务业的过渡阶段。当前旅行社业态的多元化发展，已经倒逼旅游行政管理与时俱进，行业实践亟需新的宏观引导、分类指导和微观监管。从这一意义上来说，旅游行政管理部门的工作应更加重视专业化的分类管理。针对新业态、新组织形式、新投资主体的旅行服务经营主体，要以开放的心态紧紧围绕旅行服务这个业务核心，将网络旅行社、旅行社网店、旅行社网络平台、旅游销售代理、旅游产品批发商、旅游保险及安全救助机构等纳入旅行服务业管理体系。

2. 加快开放，鼓励旅行社产业的发展创新

在旅行服务业外延扩大、在线旅游成为旅行服务业重要组成部分的态势下，政府及旅游行政主管部门应该积极迎接变化，不拘泥于旅行社产业的既有定义，加快开放对不同资本属性和不同业态商业主体的准入，明确鼓励旅游服务业的信息化与电子商务建设，提供必要的政府公共平台支持，将旅行社在线企业纳入规范和管理范畴，加强网络征信机制的建立和等级标准建设，鼓励以网络技术运用为特征的第三方平台、网络旅游运营商等新兴旅游业态的发展。

3. 向现代服务业学习，推进旅行服务的商业创新

在旅行服务业外延扩大、在线旅游成为旅行服务业重要组成部分的态势下，旅行社产业的经营者需要放下身段，向年轻人学习，向创业者学习，向旅游行业之外的旅行服务业学习，向海外先进的旅游服务商学习，立身于快速增长的国民旅游消

费需求，适应旅游消费的散客化、多元化潮流，拥抱互联网技术变革，重构旅行服务的商业模式。旅行服务新业态也要努力学习传统旅行社在品质管理、诚信经营和游客体验方面的优良传统，遵纪守法、服从监管、相互包容，共同促进旅游产业组织体系的创新发展。

四、景区发展状况、趋势与建议

（一）景区发展现状

景区是旅游业发展的先决条件和核心载体，是最主要和最根本的旅游供给。近年来居民的出游频次和旅游意愿不断增强，国民大众的旅游需求不断释放，休闲度假旅游正日益成为人们的一种生活方式。《国民旅游休闲纲要（2013—2020 年）》和《旅游法》的出台，为景区业的发展营造了更加有利的发展环境。在上述因素的推动下，景区业的创新发展也将步入一个新的阶段。现阶段旅游市场需求保持旺盛，游客出游目的仍以观光游览为主。面对不断膨胀的市场，旅游市场也在加快往大众需求的方向发展。2014 年新增 3A 级以上景区 114 个，其中四川省新增景区最多，共 21 个。4A 级景区增加数目最多，高达 87. 72%。5A 级景区是国家待客的形象，要求严格，增加 4. 39%。观光旅游是基础，景区即是观光旅游的重要载体，也就是说老百姓对景区的需求既有量的需求，也有质的需求。

1. 传统景区面临创新压力

中国的景区供给正在从早期的依靠“老天爷”和“老祖宗”的“二老”资源为主体的景区走向“靠创意、靠投资、靠增量”驱动的时代，当越来越多的社会资本进入到这个行业后，意味着一个以古北水镇为代表的主题公园或人造景区的二次崛起。第一代主题公园以河北正定的西游记宫为代表，第二代以华侨城、欢乐谷和锦绣中华为代表，而现在的主题公园或者类似的景区则是像古北水镇、像海昌这样以文化创意为核心可以复制的新兴的景区。自然观光为主或者单一主题公园类的景区是难以满足老百姓不断增长的多元化需求的。整个景区的供给面正在从单一的依靠自然资源和历史文化资源为主体，转向以投资多元化文化创意为主体，依靠增量为驱动的时代正在到来。

2. 景区运营面临着更多的法律规范

对景区来说，在政策面的驱动下，景区正在从一个直接的产品变成走向一个基础性的支撑，在这个基础性支撑的基础上去衍生产品，这可能对投资和供给是一个大的挑战。当然要分区域看，在广大的中西部地区，开发景区收门票仍然还会是一个主要的方向，但是从全国看，这不是一个主流的发展方向。黄山等传统观光景区的发展模式在自然资源丰厚的中西部地区仍然是可以借鉴的，但是华侨城、海昌等本土化的文化创意资本驱动型的新型景区则是一个新兴的发展方向，同时也需要借鉴迪士尼、环球影城等成熟的国际性主题公园的发展经验。

政策面的另一些变化，包括混合所有制的问题、国有事业单位改制的问题、清理整顿风景名胜区的问题、宾馆招待所改制的问题，意味着政府下一步可能要处置这一块资产，对景区管理者来说，这是一个难得的历史机遇，长期以来解决不了的条块分割的问题，现在有可能、有机会去统一管理、统一规划了。同时景区也面临着利益相关者的博弈，有可能进一步激化矛盾。

3. 利益相关者的博弈进一步强化

从社会面来看，景区所面临的压力将会走向利益相关者共同施压的一个格局。

2014年6月28日，峨眉山管委会发出通知，表示因为进入汛期，存在地质隐患，景区暂时关闭。但不到24小时，景区又表示部分景点恢复接待游客。有消息称，景区暂时关闭的原因并非山体滑坡或者塌方，而是当地村民与管委会因为利益分配等原因引发了矛盾，村民"堵路维权"，造成峨眉山核心景区无法进入所致。针对峨眉山景区村民阻路事件，峨眉山市人民政府出台了《关于解决峨眉山景区群众有关具体问题的通知》，对村民提出的包括扣押林权证、景区门票收入没有履行分红等四点集中诉求进行了回应。村民将享受分红和养老保障。7月初，四川峨眉山景区被阻断的万年寺路口、两河口路口，道路已恢复畅通，峨眉山全山旅游全面恢复正常。此前村民"堵路维权"的风波也初步平息。从凤凰古城围城收费的争议到此次"峨眉山堵路"，意味着社区居民的发展权利必须纳入到整个景区包容式增长的战略中去，从追求单一的经济增长到追求包含有社区居民权利战略的社会合益性增长。此外，安全问题的层出不穷、驴友爬野山动用直升机营救引起的争议，涉及到政府也好，或社区居民和景区管理者也好，都说明了景区需要均衡各方利益的发展要求。

2014 年 6 月，全球知名旅游网络社区 TripAdvisor 发布了 5400 名游客对全球 37 个主要旅游城市的评价结果，并认为“景点”不再是旅游评价的首要标准。例如东京的自然风光和人文景点评价一般，但因“当地居民乐于助人”“出租车服务”“街道整洁”“公交系统”等指标排名靠前而成为全球旅游“整体体验”最佳的目的地。新加坡旅游资源虽不占优势，但在“适合独自旅行”“出租车服务”“街道整洁”等指标上都排名靠前。与之相对的是，孟买、莫斯科等差评城市的短板主要在于城市的配套服务环境，北京在文化和历史景点上获得不少好评，但“当地居民乐于助人”“出租车服务”等指标排名靠后。TripAdvisor 等业界调查结果显示，景观之上是生活，旅游目的地应更加重视游客面向日常生活的诉求，培育市民和游客共享的生活空间。

4. 景区安全和承载量问题亟待解决

旅游景区安全事故频发，给广大游客带来较为严重的生命财产安全，也在很大程度上影响了旅游景区的可持续发展。与此同时，随着出游人数的持续增长，景区的综合接待能力的瓶颈效应愈发明显，比较突出的是景区客流、车辆过于集中，游客分流、车辆疏散效果欠佳。部分景区的预警和控制疏导机制尚不健全，突发事件处置能力尚需加强，旅游服务质量有待改善。

每逢假日，各地旅游景区都出现景区容量超载现象。国庆节假日期间，国内长线游持续火热，短途游继续升温，热点景区持续爆满。杭州西湖断桥沦陷、济南大明湖人海漫堤、南京夫子庙游人如织、上海外滩被游客挤爆……这一系列问题成为旅游景区业亟待解决的问题，景区超载也给旅游安全带来了威胁。

（二）景区发展趋势

1. 景区仍然是观光市场的基础选项

人民群众日渐增长的旅游需求已经成为旅游市场的基础支撑。近年来，旅游市场加快往国民需求方向回调、国民旅游市场加快往大众需求回调的两大趋势更加明显，旅游消费模式发生了历史性的演变。从长期来看，景区消费需求将维持中速增长，公务、商务需求也将相应放缓，老百姓常态化的旅游需求及其增长将是未来一段时间内我国景区市场需求的主力。然而在当前及未来的一段时间内，依靠自然资源的传统观光类景区依然是消费者的选择重心，尤其在中西部等自然资源丰富的地区，观光类景区仍然有极大的发展空间，但在全国范围内，老百姓对传统旅游景区的热度依然不减，同时，以文化创意资本驱动的休闲度假类景区将成为游客的另一消费热点。如上海迪士尼乐园从获批到破土动工以来一直就是国民关注的热点和期盼。中青旅开启“走出去”战略利用成功的“乌镇模式”，创建古北水镇，试运营期间即吸引大量的客流，使得古北水镇成为总公司市值增长和股价表现的持续催化剂。

2. 景区供给主体更加多元

主体多元化的趋势更加明显。随着市场在资源配置中的决定性作用日益明确，景区产业也一直处于不断市场化的进程当中，目前大致形成了国有和非公经济并存、总体开放和局部垄断并存的局面。发展速度最快、发展态势最好的是以文化创意为核心，强调游客体验，面向未来的主题公园类新型景区，如迪士尼、海昌极地海洋世界、欢乐谷等。在投资方面，虽然国有资本仍然在大型企业投资、大型项目投资方面处于主导地位，但是非公经济特别是民营资本表现出加速进入景区的态势，特别是在旅游地产、旅游综合体等新业态的投资中，民营资本、外资已经形成引领性地位。

现代技术、影视媒体等文化技术手段推动景区营销创新。一方面随着自由行日渐增长的大趋势，在线旅游企业大规模进入景区门票业务领域，在线景区门票分销迎来了新的机遇和挑战。与在线旅游企业开展声势浩大的“价格战”合作，一定程度上加速了景区门票在在线预订市场的拓展步伐，但是不能让无序的价格竞争阻碍了景区的可持续发展，因此，景区需要在与电商的合作中掌握主动性，制定符合市场需求的长远战略。此外，影视媒体启发景区体验式营销创新。如热播的《爸爸去哪儿》剧集里出现的内蒙古呼伦贝尔大草原、甘肃省白银市景泰黄河石林，节目播出后就吸引了众多游客的目光，成为结合明星效应、萌娃、旅游与教育的一个新产品。景区植入影视广告并非新鲜事，近年来国内景区掀起植入影视广告的营销热潮，到底效果如何，并无统一的衡量标准，不少景区因此而名声鹊起，也有一些景区斥资不菲，却收获颇微。景区在影视作品中得到好的呈现，的确对游客产生了不小的吸引力。但最重要的是要抓住影视作品热播的契机，在开创体验式营销的同时，不断提升景区自身的硬件、软件等才能对游客具有持久的吸引力。

3. 景区的分类管理将影响价格变动

《旅游法》《国民旅游休闲纲要（2013—2020 年）》和中央“八项规定”、“六条禁令”以及国务院《关于促进旅游业改革发展的若干意见》等一系列政策法规的出台，都预示着政府在逐渐引导形成景区业的宏观调控体系，为景区业创新改革的良性发展营造良好的环境，让政府的归政府，市场的归市场，公益的归公益，商业的归商业。过去仅仅依靠景区门票价格来驱动的增长机制将会逐渐成为历史。

从政府层面来说，首先要制定国家级别的政策法规；其次，具体到地方政府和相关行政部门则需要对利用公共资源开发的景区逐步实现免费或降价。目前，像美术馆、公共图书馆、文化馆（站）已经实现了免费；国家公园、古村、古镇以及城市公园等也逐步实现了降价或免费，以西湖景区、中山陵景区为代表的景区免票政策体现了公共资源景区的公益性。其余的商业性景区则依循市场规律，抓住大众化旅游时代中老百姓的需求，不断创新经营模式。那些契合大众化旅游发展阶段的、由初级阶段向中高级阶段演化过程中的市场需求来做出选择的景区将在市场上占据越来越重要的位置。

4. 景区发展趋于包容性增长

旅游景区所涉及的利益相关者相当复杂，包括政府部门、旅游企业、旅游者、媒体部门、当地社区、社会公众、非政府部门、学术界和其他一些组织机构。旅游业的综合性决定了旅游景区利益相关者的分散性和复杂性，而这些组织或群体各有其目标和利益指向。社会面上，游客要分享其所拥有的在法律上、伦理上的属于全民的权利、旅游的权利，当地老百姓有分享的权利。这个山祖祖辈辈是当地居民的，拿走了，他们靠什么为生；景区居民被边缘化，他们不能只做环卫工人。企业的发展，过去是单一的指标、单一的主体，现在是多元化主体，企业、社区居民和游客利益至上，这一切使得景区面临的压力将会走向利益相关者共同施压的一个格局，最后一定是一个均衡的状态。回到景区的本质上来，景区的发展方向就是“使老百姓有玩的地方，还要玩得好”。

（三）景区发展对策

1. 分类管理， 多元开发

对政府来说，随着越来越多以游客体验为导向的创新性景区的兴起，随着景区业与文化体育娱乐等的深入融合，政府应发挥积极引导作用，实行分类管理和分类指导，开发更多的、更加多元的、适合国民大众需要的景区。在景区管理上改变以往以传统旅游资源为载体进行的行业划分，要从以高 A 级景区和精品景区为导向，转向新兴的非传统景区和大众化景区的发展，例如新型主题公园、创意基地、生活社区等；要改变以分等评级为主的监管方式，在空间范围上多加关注对城市、乡村等更大范围的目的地综合发展，为景区提供更多发展空间。

2. 从资源驱动走向文化创意驱动

景区发展理念必须立足于大众旅游需求，在迎合需求的同时引导并创造需求。近年来，涌现出了一些以文化创意和资本驱动为特征的景区，如海昌集团、万达集团等投资的大型主题娱乐景区以及古北水镇这样可复制的休闲景区，它们的快速发展意味着只有跟随人民群众的旅游需求，并立足未来，引导创造更加多元化的贴切民众需求的景区才是景区可持续发展的根本。虽然观光旅游是当前和未来相当长一个时期旅游发展的基础需求，但从全国来看，未来景区发展的方向一定是文化创意资本驱动的，而不是依靠原始资源驱动。

3. 构建更加适应市场需求的渠道组合

对景区来说，与旅游电商合作发展网络订票，符合消费者需求和旅游市场的发展趋势，也是智慧旅游建设的重要组成部分。当前旅游群体和消费行为都在向互联网特别是移动端转移，大型在线服务商的移动端用户已经过亿，网络预订门票可以节省大量人力、物力，也方便景区提前掌握客流，促进淡旺季平衡，提升服务水平，对各方都是多赢之举。但是，景区经营者也不可完全依赖于在线旅游企业的门票销售合作。归根到底，在线旅游企业的价格战只是为了争取流量入口的前期策略，一旦争取到足够多的流量，培育出客户的忠诚度，在线旅游企业就有了自己的话语权，会反过来跟景区争利。因而，景区与在线旅游企业的合作中，不能只局限或者满足于简单的门票价格战，而要从市场的客观需求和长远发展为出发点，充分利用互联网移动终端技术，发挥主动性，制定长期的发展战略，培育出自己的忠诚客户，以利景区的长远发展。

4. 以安全为导向分批发布景区承载量

一是在分类研究的基础上，双向构建景区最大承载量测算模型。当前，景区最大承载量的核定无论是在学术讨论层面，还是在实践操作层面均处于探索阶段，短期内难以形成相对成熟的理论方法。建议分两步对该问题进行解决，首先，组织相关领域专家团队，利用2～3年的时间，在对我国旅游景区系统分类的基础上，借鉴LAC（可接受的改变极限）理论，对最大承载量问题进行全面系统研究，得出适合我国国情的理论方法；其次，依托前期获取的理论模型与计算方法，对全国所有5A级旅游景区进行试点监测，从而对理论模型与研究方法进行实证验证和评估，进而对其进行修正与优化，为下一步全面核定景区最大承载量奠定基础；最后，针对当前山岳型景区和世界文化遗产类景区游客承载量严重超载的现象，建议先采用学术界相对成熟的方法进行核定，其中山岳型景区的最大承载量建议采用“线路容量法”进行核定，世界文化遗产地的最大承载量建议采用“面积容量法”进行核定，从而缓解当前这两类景区的游客量超载现象。

二是有序推进重点景区的数字化预警系统。有序推进全国5A级景区的数字化工程，对重点景区的客流量、电子门票、环境监测、森林防火等内容进行全面监控，搜集景区客流、大气、水等生物圈的数据变化，对景区可能存在的潜在威胁做出预测；借助移动网络技术对景区信息进行实时播报，并联合周边的旅游景区进行捆绑促销，进而在出现问题时，第一时间对景区内客流进行合理监控和引导，有效增加旅游区的容人量和容时量；通过信息引导、预订打折的方式，鼓励散客进行提前预约，这样使景区能够对游客数进行调控与预测，从而减少突发性的游客爆满现象的发生；在旅游景区预售、预约门票及现场购买游客量达到最大承载量

80%时，要启动包括发布预警、交通调控、入口调控等措施控制流量，同时向当地人民政府报告。

三是组建专题工作小组与专家委员会，共同研究保障体系。由国家旅游局出面，组建专题工作小组和专家委员会，专门负责协调与解决景区最大承载量在测算、核定与发布过程中存在的各种关系与问题。与其他景区主管部委协调，确定各类景区的核定主管部门；系统梳理景区最大承载量测算、核定与发布的程序，并对每一道程序进行分解和分工，明确每项工作的主管人和其他直接责任人的职责，确保每项工作能够责任到人；研究出台景区最大承载量测算、核定与发布的管理条例，明确权责关系与问责机制，对于违反景区最大承载量条例的相关景区与负责人进行处罚与问责，保障相关工作的有力推进。

五、集团发展状况、趋势与建议

（一）旅游集团发展现状

1. 旅游集团发展卓有成效

北京、天津、陕西、河北等省、直辖市原先政府直属的国有旅游企业纷纷脱钩，组建大型旅游集团。旅游企业集团化，从宏观管理角度看，是产业组织政策问题；从市场角度看，是市场结构引发的市场秩序问题；从企业角度看，是企业在市场的吸引力和竞争力问题。在计划经济向市场经济转轨的过程中，企业的集团化问题显得突出而尖锐。在市场和政府的推动下，我国旅游企业开始出现集团化经营，首先是国外饭店集团和饭店管理公司以独资、合资、收购、输出管理的形式在中国迅速扩张，带动了国内饭店集团的发展；旅行社也在市场推动下出现联合趋势，逐步形成了具有多家分社的集团。股份制的推行使企业资本运作更加活跃，其他行业的资本迅速流入旅游业，从而出现了一些跨行业的综合性集团。最近，一些同区域的旅游业又由政府牵头，形成了区域性的旅游企业集团。目前，旅游业集团化经营已成为一种重要形式，并有多家以旅游业为主营业务的集团公司实现了上市。虽然我国旅游集团的发展只有十几年的历史，集团的成长却取得了一定的成效，如我国发展最早的锦江旅游企业集团目前已成为以酒店为主，立足于多行业、多方位发展，面向国内、国际市场进行多元化经营，已经成为总资产逾百亿元的大型集团。锦江投资公布第一季度业绩，营业收入5.07亿元人民币，按年增长2.7%，录得纯利增长1.9%至4628万元，每股收益8.4分。近日锦江集团又拟以11亿欧元收购欧洲第二大酒店集团。继锦江旅游企业集团之后成立的首旅集团、陕西旅游集团等均得到了长足的发展。对加速旅游资源的重新配置和推动国有资产的重组，冲破条块、所有制的限制，调整旅游产业结构，提高旅游产业的市场集中度，形成强有力的投融资主体，改变中国旅游企业小、散、弱、差的局面具有较大的促进作用。

2. 旅游集团发展中存在的问题

（1）地方保护主义

地方保护主义的存在和盛行是影响旅游企业集团化发展的主要原因，也是我国地方性旅游集团大量产生的根本原因。行业主管部门和地区行政条块分割，阻碍了大型旅游集团跨地区、跨行业发展，即使企业经营效率低下，缺乏竞争力乃至亏损也拒绝外来企业集团兼并、重组。政企不分导致地方保护主义，地方保护主义成了旅游企业集团化的重要障碍。

（2）旅游企业经营多元化

旅游企业经营多元化也是集团化发展过程中存在的问题之一。由于旅游产业的脆弱性，风险难以预料，相当一部分旅游企业集团正在逐渐脱离主业，盲目寻求多元化发展，涉足与主业毫无关联的行业，既不利于集团的稳定发展，也给集团的发展前景蒙上了阴影。

（3）旅游企业集团盲目扩张

目前，国内一些原省部所属的国有旅游企业改制后都纷纷提出集团化发展的目标。试图实现“大型企业集团化，中型企业专业化，小型企业网络化”的最佳发展目标。但是，国内相当部分的旅游企业集团存在盲目扩张的趋势。旅游企业在集团化发展过程中不注重加强内部管理，不注意建设完善企业内部组织结构，盲目追求集团的数量扩张，形成所谓的“十个集团九个空的局面”。

综上所述，我国旅游企业集团大部分还没有成长为规范的市场主体，无法利用集团的内部机制实现规模效益。首先，从本质上看，国有和集体旅游企业的最终受益者和亏损的最终承担者都不是企业，因此国有旅游企业还不是真正意义上的市场企业，不是规范的市场主体。其次，以行政命令组建的集团内部“人、财、物”三权不变，无鲜明的组织结构和隶属关系。许多旅游集团以表面的契约方式联合为旅游企业集团，这种形式的旅游企业集团没有血缘关系，根据各自的比较利益进行协作，集团缺乏集中领导，结构松散，整体优势难以发挥。缺乏经营战略，缺乏有战略经营管理思维的人才。同时，缺乏成熟的集团管理模式和人力资本运营能力与强大的营销力量和预订网络。这些存在的问题与差距使得我国大部分旅游企业集团化运作极不规范，难以达到预期的效果，更难以形成长久的发展后劲。

（二）旅游集团发展趋势

1. 旅游企业集团呈加速发展的态势

自20世纪90年代末期以来，以国旅集团、中旅集团、中青旅集团、华侨城旅游集团为代表的国资传统旅游集团获得了长足发展。地方强力整合的以北京首都旅游集团、上海锦江国际集团、西安曲江旅游集团为代表的旅游企业集团发展如雨后春笋。同时，在国家行业结构调整、主业集中整合的背景下，新的旅游集团不断涌现。在集团成长方式上，资产重组、国内兼并、国际国内合作等资本运作开始成为重要手段，旅游集团呈现加速整合、做大做强的发展趋势。股份制的推行、股票市场的发展使得企业资本运作更趋活跃，社会资本迅速流入旅游业，促成了以旅游为主业，跨行业经营的综合性企业集团的快速发展。上市公司成为旅游集团推进的重要途径，当国内第一家旅游上市公司——上海新锦江大酒店股份有限公司于上海证券交易所上市交易时，便掀起了旅游企业利用资本市场的开端。现在，旅游企业已成为证券市场上的一个重要板块。

2. 本土旅游集团商业模式成功扩展

随着旅游集团企业的发展，我国本土的旅游集团的成功商业模式开始固化并自我复制，这些成功模式的“裂变”效应大大推动了整个产业的集团化水平。较为成熟的模式如“旅游+地产”“旅游+会展”“旅游综合体”“旅游+航空”等多种模式，这些模式大大推动了旅游集团的规模扩展和区域布局。例如华侨城集团、锦江集团、首旅集团、粤海集团、凯莱集团等已经形成了国内的区域布局，世贸君澜、成都会展、岭南集团、粤旅集团、开元集团和南京金陵等都已经形成了区域性的优势，并加大了向周边地区和二线城市的拓展。以饭店业集团为例，近年来，锦江国际、首旅建国、南京金陵、粤海国际以及港中旅维景在行业第一梯队的基础上，再度迅速成长，大大提升了集团的规模存量。

3. 新商业模式和业态的旅游集团成长迅速

在互联网和移动通信飞速发展的背景下，新的产业组织借助新兴技术的发展开始崛起，如携程、艺龙、芒果、去哪儿等一批植根旅游产业的IT企业集团开始成为主流旅游运营商，依靠强大的预订网络渠道和信息整理能力，在有效开拓新的市场需求的同时，全面蚕食着传统旅游商业模式的市场空间。在我国处于大众旅游高速发展的历史时期，如家、7天等一大批经济型酒店依托网络系统，充分抓住旅游消费基数庞大、人均消费较低的特点，凭借低价、亲民的产品和市场策略，获得了爆发性的增长。

（三）旅游集团发展对策

1. 推动旅游产业更加多元、更高层次的商业创新

（1）要把握国民大众需求市场的变化，为国民大众提供与之相符的产品和服务

关注散客化时代的旅游目的地接待服务。以移动通信和互联网为代表的现代科技正革命性地改变着旅游消费模式和产业组织形式，散客成为主流的旅游方式。近年来，多数游客选择自由行或自助旅游，而非团队方式出游。在散客主导的市场环境下，旅游目的地要在实际工作中探索全新的宏观调控和微观监管体系，打造市民与游客共享的公共空间，完善旅游基础设施建设和公共服务配套体系，为游客在旅游目的地的自由流动提供充足的保障，在满足游客自在旅游的基础上，进而让游客享受高品质的服务水平。

（2）关注游客消费指向多元化形势下的产品和服务供给

旅游已经从过去少数人享有的奢侈消费转变为日常生活的组成部分，成为寻常

百姓都享受得起的生活服务品。作为常态化的生活方式，游客在旅游目的地的需求也更加多元化，他们会全面融入旅游目的地的生活空间中，在观光之余，购物、娱乐、民俗体验、休闲放松等都是游客的日常需求。不同社会阶层对旅游的广泛参与，其需求也各有差异，要求旅游目的地和旅游企业能够为游客的需求提供种类更加丰富、覆盖面更广、体验更加深入的旅游产品和服务。

通过制度、技术、产品、服务创新，为游客提供更加便捷的服务，营造宾至如归的氛围，全面提升游客的旅游品质。旅游企业界要科学把握我国旅游市场的基本面，把商业模式牢牢建立在最大多数国民旅游者的核心需求之上。旅游目的地和旅游企业应充分利用移动通信和网络科技，推动智慧旅游在旅游各行业生根发芽，使游客能够借助手机终端或网络终端就可以获取旅行所需要的一切便捷的信息和服务预订，虽身在他乡，却倍感亲切。

以游客满意为旅游目的地考核的重要指标，以游客满意度指向为优化供给结构的重要参考。游客满意度是游客从第三者角度客观评价一个旅游目的地的各个方面，反映了旅游目的地运营、管理水平和公共服务质量的高低。旅游目的地应围绕国民大众的需求，切实改进旅游产品、服务要素的供给，建立合理的产品体系和价格体系，大力提升服务质量，进一步规范市场秩序，促进旅游供求结构的均衡，提高游客满意度。

2. 面向当代旅游需求，全面构建现代旅游服务业体系

（1）观念现代化

政府主管部门、旅游行业各主体应高度重视产业发展方式转变中的新问题，以大旅游理念为指导，将旅游相关行业及早纳入管理范畴。积极应用信息技术，增强专业功能，增强自主创新；改变粗放式发展方式，将生产和经营活动转移到集约、高效的发展路径上来。

（2）生产现代化

各旅游行业要实现转型升级和发展方式的转变，促进现代科技与旅游企业的融合发展；加快知识和技术在生产中的转化力度，推进旅游行业的知识含量；重视人才的作用，不断引进、培育高素质人才并逐步提高他们在企业现代化发展中的作用；扩大企业的国际化视野，借鉴国内外其他现代服务业的先进经验，不断提高旅游业的现代化水平。

（3）企业组织现代化

运用现代企业管理理念、运营方式，加快建立现代企业制度。以信息、技术、管理等现代生产管理手段促进企业发展，实现由劳动密集、经验密集型产业向技术引领、管理科学型企业发展。鼓励旅游企业增设研究院或研发中心，招聘研发人员，把新技术、新设备、新产品研发作为企业战略发展的重要使命。以新业态为先导推进现代企业组织建设。新业态是适应新的市场、技术、制度等环境下产生的具有活力的业态，新型企业往往采用更加切合市场需要的商业模式和运行模式，代表着产业发展的重要取向，有助于引导传统企业的转型升级。

3. 建设政府、企业、学界三位一体的研发创新体系

政府要关注市场主体，加强投资引导，营造更加宽松的创新环境。政府部门应充分认识到，能够为国民大众提供旅行福祉的都是旅游市场创新的主体，要放松进入监管，关注并寻找市场主体，并为他们的发展创造更加宽松的发展环境。利用政府的公信力、大平台，为中国的旅游创新企业背书，积极鼓励旅游企业的创新发展。不仅在旅游企业创新成功时为其欢呼，也要对创新失败的企业予以鼓励，与企业共成长、共患难。要在与企业的共同成长中，通过环境的营造、制度的构建、市场机制的发挥，逐步树立起政府的领导力、公信力、影响力。同时转变管理理念，放松进入监管，充分发挥市场机制在资源配置中的决定性作用；深化改革，加快培育产业和企业主体；加强投资支持，将资金引导到国民旅游最需要的关键环节；鼓励旅游企业的技术开发与应用。

企业要关注国民大众的核心诉求，重视人才要素和科技应用，将创新植根于百姓旅行需求。企业是旅游创新的重要主体，无论是传统旅游企业还是新业态，企业创新的方向应在认清国民大众旅游发展阶段的基础上，牢牢把握国民大众旅游的核心诉求，充分运用新技术、新方法、新管理模式，充分发挥优秀人才在创新中的重要作用，推动企业的创新发展。应围绕国民核心旅游需求，加强技术应用和产品、业态创新；关注科技应用中的科技伦理和商业伦理；更加重视人才在企业创新中的作用，培育创业型企业家群体。

学术界要立足于产业发展的现实问题，密切关注本土企业成长，以学术研究成果推动产业进步。学术界是旅游产业创新发展中的重要力量，也是产学研合作的重要组成部分。在创新发展的背景下，学术界应转变传统的象牙塔思维，要将研究的触角和视角与产业界的实践紧密结合起来，不断以学术研究成果推动产业进步。应密切跟踪本土企业，与企业家做朋友，与企业在一起，才能发现他们的变化和成长。关注创新型、创业型企业和企业家，跟踪企业发展过程中碰到的问题和困局，以学术研究为企业发展提供智力支持，帮助企业一起成长、壮大。要为中国企业和企业家说话，做他们的学术代言人，利用研究人员的学术影响力和行业影响力为企业家呐喊，并在国际性会议、论坛、活动上发出他们的声音。密切关注产业界发生的现实问题，以学术研究紧密跟踪产业发展，以更高的站位、更具远见的判断为产业和企业发展指引方向。以学术思想引领技术，让技术为产业发展所用，切实提高技术在产业发展中的作用。以学术思想引领产业发展，做产业创新发展的领路人。

第四章

国家战略视角下的区域旅游新格局

"一带一路"、新型城镇化等国家战略的实施，给2014年度区域经济注入了新活力，区域合作不断深化，创新亮点频现，战略效应正逐步显现。区域旅游经济格局，在点—线—面的网络层级上也呈现出许多向好的变化。

亮了点：自上而下的全国试点和自下而上的地方创新，在区域旅游格局上呈现出许多可供推广借鉴的发展亮点。

活了线：在"一带一路"国家战略的驱动下，区域旅游合作全面开花，并不断向纵深发展，"三横两纵"的国内旅游合作骨架格局初步形成，跨国合作旅游也日渐活跃。

丰了面：虽然区域旅游仍然呈现出东中西逐级递减的总体格局，且城乡二元结构依然明显，但在国家战略驱动下，在示范辐射效应逐渐显现的地方创新亮点、以及不断向纵深发展的跨区域旅游合作的综合作用下，区域旅游在格局上逐步趋同、在内涵上不断丰富。

一、地方旅游发展的模式创新

在全国范围内，自上而下的全国试点和自下而上的地方创新，多地出现了许多旅游新区，并取得了非常瞩目的成果。上海吴淞口轮船基地成功转型成为邮轮母港、新兴邮轮旅游示范点；滨海新区实现工业服务业产业联动，引导企业自发将制造业资源转化为旅游资源。此外，旅游新区在很大程度上为旅游业发展创新提供了一个较高的平台，能最大程度地将当地特色优质资源开发与市场需求相融合，塑造地方品牌与特色。曲江新区将区域范围的遗址充分开发，创造独特的"文化+旅游+地产"的曲江模式；天府新区充分利用成都的市民休闲氛围，开创游客市民共享休闲模式。旅游新区的成立正是依据国家政策导向，充分利用旅游业发展的利好优势，创新旅游发展模式，并改变了传统旅游结构与旅游产品供给。旅游新区在促进区域内产业联动，拉动区域国民经济发展方面起到很大作用，并逐渐成为新兴区域经济增长极。

（一）利用传统工业优势，对接旅游发展新趋势，实现区域转型发展

1. 上海宝山模式

上海市宝山区，利用其临港地缘优势以及轮船基地的条件，打造轮船旅游集散港口。将具有 30 多年历史的储运老码头打造成为吴淞口国际邮轮母港，于 2012 年 2 月开港运营，成为上海“两主一辅”三个国际邮轮码头之一①。2013 年上海靠泊邮轮 199 艘次，接待游客 76 万人次，占了亚洲邮轮总量的 21% 和 26%，其中宝山接靠邮轮 128 艘次，接待游客 60 万人次，分别占全市的 64% 和 81%②。2014 年，吴淞口国际邮轮港确定接靠邮轮 217 艘次，预计接待出入境游客 110 万人次，将正式超过新加坡成为亚洲最大的邮轮母港。

2. 模式优势

（1）促使地区产业转型、实现可持续发展，培育经济增长点

宝山区作为老工业基地，过去过分依赖工业资源，导致经济成本高、产业链较短以及附加值较低，制约区域长期可持续发展。随着邮轮港口的建立，宝山区转变经济发展方式，着力引进和培育新型产业，加大对服务业的投入。既促进邮轮产业链的延伸，又通过发展服务业、旅游业提升工业附加值，提升区域旅游的辐射力和国际竞争力，促进产业的融合与升级，培育发展新的旅游经济增长点。

（2）实现资源多元化利用，打造新兴旅游增长极。宝山区货运码头原本承担着货物接收与发送的功能，随着现代服务业与旅游业的发展，宝山区充分利用其滨江岸线资源，将货运码头进行改造建设，完善基础设施与旅游设施，吸引国际邮轮停靠，发展邮轮旅游新兴业态。上海市的优势旅游资源长期以来集中在城市中心区，位于上海市北部的宝山区通过发展邮轮旅游，建设“上海国际邮轮旅游城”，在上

① 资料来源：网络。
② “中国邮轮旅游发展实验区”创建工作全面推进，宝山区旅游局。

海市北部地区形成了新兴的旅游增长极，有利于平衡上海市的旅游产业空间布局，促进上海市旅游业的全面发展。

（3）工业基地成功转型在全国具有典型示范意义

在工业经济时代，宝山区拥有宝钢等知名的工业企业，是全国著名的工业基地。在服务经济时代，宝山区依托传统的工业遗产和工业资源，发展以邮轮母港为龙头的旅游产业，实现了主导产业转型和区域可持续发展，成为全国著名的“国际邮轮旅游城”。现在宝钢依托其国际邮轮港，以及众多工业遗产和自然遗产旅游资源，已经形成以旅游业和服务业为核心的发展模式，成为“中国邮轮旅游发展实验区”。宝山区作为传统工业基地，依托旅游业实现区域发展方式转型升级的路径在全国具有典型的示范意义。

（二）依托国家战略实施营造旅游发展环境，依靠产业融合构建新型旅游资源体系

1. 天津滨海模式

近年来，天津市滨海新区被纳入国家总体战略布局，作为国家级综合配套改革试验区，为滨海新区旅游企业带来众多利好因素。通过实施政府主导、区域联动、海城联动、产业融合、国际化、引领示范、部门联动和创新机制等八大战略，构建出滨海新区“两带延伸、八区联动”的旅游空间结构，打造以都市休闲与滨海度假为核心，以乡村旅游、节庆旅游、购物旅游、运动休闲旅游、自驾车旅游、背包旅游为辅的旅游产品体系①。

2. 模式优势

（1）基于本地传统旅游资源，积极引进旅游新产品、新业态

滨海新区拥有独特的海洋旅游资源、丰富的历史文化资源和异彩纷呈的民俗文化资源，具备在海滨、近海、远洋、海岛、海底等多维空间开展观光、娱乐、运动、探险、疗养、教育等旅游活动的优势条件。滨海新区充分利用其资源与地缘优势，优先发展海洋旅游、遗产旅游、工业旅游、城市旅游、休闲度假旅游等新兴业态。

① 天津市滨海新区旅游发展总体规划。

充分利用其工业资源优势，发展航空展览、热气球、滑翔伞等低空体验旅游项目，打造中国低空旅游实验基地，并利用空客 A320 飞机总装线开展旅游活动。同时积极引入邮轮旅游、体育旅游等新业态，在 2013 年举办第六届东亚运动会。通过传统旅游业态与新兴旅游业态相融合，滨海新区已经形成完善的旅游产品体系，打造出鲜明的旅游目的地形象。

（2）以先进制造业和现代服务业带动旅游业发展

滨海新区制造业基础较好，且一部分知名的企业已经开发了工业旅游产品，如泰达环保循环经济示范工程、丰田汽车等。通过工业旅游的发展，实现工业与现代服务业的结合，为工业发展模式的升级创新找到了新的方向。滨海新区在航空航天、装备制造、生物工程、石油化工等领域有一批世界领先的制造技术和产品，基于它们发展工业旅游具有良好的前景。例如，空客 A320 总装工厂、康师傅方便面、海鸥手表等工业产品的生产过程吸引了大量旅游者。

（3）结合自身传统优势，把握旅游业发展脉搏，积极培育旅游新产品传统的观光旅游正在加速向复合型、休闲度假型转变，滨海新区以都市休闲与滨海度假为核心，大力开发低碳旅游、避暑旅游、老年旅游、海洋旅游等新产品、新业态，引领新时代旅游业发展的新潮流①。借助滨海新区的独特优势，重点强化发展海洋旅游产品，包括海滨度假、海滨休闲娱乐、邮轮体验、海洋军事体验等。航母主题公园、极地海洋世界、大沽炮台等项目已经为滨海新区旅游业带来了良好的经济效益。

（三）依托传统文化资源，充分利用社会资本，以城市经营为手段发展旅游功能区

1. 西安曲江模式

曲江文化集团由西安市政府批准成立，是西安市曲江新区管理委员会投资设立的国有独资有限公司。自成立以来已构建了以文化旅游、影视、会展、出版、传媒、演艺、动漫为核心的文化产业集群，成为推动陕西省文化产业的龙头力量②。曲江

---

① 天津市滨海新区城市旅游规划。

② 曲江文旅集团．文旅观点：中国历史文化型主题景区——典型案例与游客分析［M］．中国旅游出版社．2013. 201 – 214.

新区以大雁塔和曲江园林遗址为中心，是以文化、旅游为主导产业的城市发展新区。区内拥有4个国家级文物保护单位，3个省级文物保护单位，4个国家4A级景区，发展文化、旅游产业的优势得天独厚。2013年，全区接待游客386.11万人次，实现旅游收入26.28亿元，同比分别增长15.05%和20.82%。2014年前三季度，全区接待游客272.19万人次，实现旅游总收入17.22亿元，同比分别增长16.1%和19.24%。①

2. 模式优势

（1）以市场为导向，旅游与文化产业融合

创新市场运营机制，对文化旅游资源进行所有权、管理权和经营权三权分离改革。在保证国家所有权不变的情况下，实行政府管理、企业化经营，让他们成为拥有充分自主经营权的市场主体。对分散的旅游资源整合加工，最大限度地发挥资源的整体效能，依托人文、区位优势，建构一批内涵丰富、影响巨大、示范性强、市场前景广阔的文化旅游项目，促进城市资源价值再提升。曲江海洋世界是国家在建的一个以展示海洋文化为主的大型主题公园，大唐芙蓉园是全方位展示盛唐社会风貌、文化艺术的大型主题公园。

（2）由政府牵头，整合、组建跨行业的产业集团

实现资源共享，优势互补，形成较完整的旅游文化产业链，增强企业竞争力；加强对旅游市场和文化市场的研究，创新产品的开发手段，创新营销方式。通过节庆会展、影视作品创作促销、主题推介促销、宣传促销、网络促销等传统方式与新型营销方式的结合，实现文化保护和产业开发的双赢。整合优质文化资源，积极拓展文化产业门类，形成相互依托的文化产业体系，缔造强势品牌②。

（3）建设城市旅游综合体，以公益性旅游景区拉动区域发展

曲江新区融合旅游景点、地产、演艺、出版、文化节、展览馆的整合，旅游产业新城迅速形成规模效应，形成城市旅游综合体。如成功举办老子文化节、开放临潼度假区大唐华清城、建成悦榕庄国宾温泉酒店、开放贾平凹文化艺术馆等项目。同时，曲江集团积极推动惠民工程和公共文化推广活动。西安音乐厅、西安美术馆、

① 资料来源：网络，曲江文旅2014年发展报告。
② 资料来源：网络。

曲江艺术博物馆、曲江华商美术馆等文化场馆、大雁塔广场、大唐芙蓉园等区域免费参观。通过开放区域的免费参观，宣传大唐文化，推广旅游演艺与旅游地产项目，实现区域综合发展。

（四）居民游客共享休闲空间，打造休闲城区

1. 成都天府新区模式

作为西部地区“两枢纽三中心”和中国战略发展第四增长极的重要支撑，成都天府新区在西部总体发展格局中，将成为引领世界现代田园城市、成都都市圈和成渝经济区发展的动力引擎，成为西部旅游经济发展的核心增长极。天府新区依托成都的休闲氛围，以休闲生活为吸引物，努力营造居民与游客共享的休闲空间，大力发展休闲旅游业。

2. 模式优势

（1）实现传统文脉与时尚生活的深度融合

利用独特的景区优势与城市资源优势，融合区域特有的休闲氛围，打造一系列与休闲有关的产业，如文化创意、轻型加工工业等。既提升产业附加值，延长产业链，又能创造居民休闲需求，推动休闲产业发展。在满足居民休闲需求的同时，实现传统文化与现代产业的深度融合，促使旅游者在休闲旅游过程中充分体验文化、欣赏文化，进而传播文化，满足旅游者多方面的需要。天府新区加大对农家资源的开发，树立农家乐旅游示范区，实现农耕文明与现代文明良好的契合，促进区域发展。

（2）促进休闲旅游新产品的开发，构建居民与游客共享的休闲空间

天府新区模式的核心在于政府引导休闲旅游发展。休闲旅游业是一个综合性强、关联度大、开放度高的产业，发展涉及到许多重大问题，如跨区域规划、基础设施建设以及休闲旅游整体宣传促销等诸多问题，需要政府着手处理。加强休闲产品的开发能极大地满足大众旅游需求，能为不同层次的旅游者提供多样化的选择。在休闲资源实现旅游创汇的同时，又能为当地居民创造休闲氛围、提供休闲场所。天府新区结合生态资源规划建设 4 处郊野公园，2 处森林公园，4 处湿地公园，为游客和

居民共享城市休闲生活提供了场所。

（3）促使城市旅游业实现有序发展，完善公共服务设施

旅游城市到休闲城市的转变，不仅需要城市休闲氛围，更需要配套休闲设施与休闲服务。天府新区加大政策力度，鼓励并扶持社会力量发展文化产业，加强行业组织建设，促进文化产业与旅游业融合，并逐步健全新区管理条例，创造各种有利于休闲产业发展的条件与政策，并投入资金加大基础设施建设，以促进城市旅游业有序发展。天府新区依托重要水系和交通走廊，建设非机动车道慢行交通系统，为游客提供生态绿道等休闲场所，包括198都市休闲绿道、二绕都市田园绿道、锦江人文旅游等7条绿道。

二、区域旅游合作日益活跃并不断向纵深发展

（一）“一带一路”成为新的国家战略

“一带一路”贯穿欧亚大陆，东接亚太经济圈，西连欧洲经济圈，将打破我国原有点状、块状的区域旅游发展模式。横向看，丝绸之路经济带贯穿中国东部、中部和西部；纵向看，21世纪海上丝绸之路连接主要沿海港口城市，并且不断向中亚、东盟延伸。这种格局的发展，将改变中国区域发展版图，更多强调省区之间的互联互通，产业承接与转移，有利于加快我国经济转型升级。无论是发展经济、改善民生，还是应对危机、加快调整，许多沿线国家同我国有着共同利益。2014年10月24日，亚洲21国在京签约成立亚洲基础设施投资银行（以下简称“亚投行”）；此外，中国还将出资400亿美元成立丝路基金，预示着“一带一路”规划实质性举措即将落地。为推动国内旅游及出入境旅游贯彻落实“一带一路”战略构想，我国将2015年确定为“美丽中国——丝绸之路旅游年”，“一带一路”也成为国内旅游业发展新的亮点。而在旅游线路方面，我国当前也呈现出陆上丝绸之路旅游区和海上丝绸之路旅游区两个带状结构。

1. 陆上丝绸之路旅游带不断西向延伸

长期以来，我国仅围绕丝绸之路国内部分展开各种合作与开发。2013年9月7

日，中国国家主席习近平在哈萨克斯坦访问时，首次提出与中亚五国共同建设“丝绸之路经济带”的重大战略构想，这将为沿线区域带来数百亿美元的投资，也将进一步促进丝绸之路旅游带的进一步西延，促进中国与中亚五国在旅游产业上的交流与合作。在中国首倡“丝绸之路经济带”的新时期，横贯中西，联结着亚欧大陆的丝绸之路不仅仅是经济带，还是文化带与旅游带。如今传承丝绸之路精神，实现“经济带、文化带、旅游带”三带合一，对促进区域旅游业的跨越式发展、实现区域经济繁荣将有着非常重要的意义。

2. “海上丝绸之路”旅游带成为新亮点

2013 年 10 月，习近平主席在印度尼西亚国会演讲时提出要构建面向 21 世纪的“海上丝绸之路”，这个提法在 2014 年 3 月李克强总理所作的政府工作报告中得到进一步印证，他强调指出“我国要抓紧规划建设丝绸之路经济带和 21 世纪海上丝绸之路”。这种高层的战略推动对于海上丝绸之路的发展起到了重要的促进作用，而旅游业作为区域发展的先导产业，优先被沿线各国纳入合作范畴。据日本共同社 2014 年 7 月 26 日报道，联合国世界旅游组织（UNWTO）正致力于将海上贸易通道“海上丝绸之路”打造成旅游线路。此举旨在通过这一海上线路促进中国、日本等沿线国家旅游业的发展。2014 年第三届世界旅游经济论坛在澳门开幕，探讨以旅游促进海上丝绸之路建设。全国政协副主席何厚铧在开幕式致辞时表示，旅游业是构建海上丝绸之路经济带的必要元素。通过高层次对话，率先探讨以旅游促进建设新海上丝绸之路，为全球经济新一轮增长探索新路径，把旅游经济的影响力延伸至不同地域和范畴，达到互惠共赢。总体来看，海上丝绸之路的旅游业也呈现出一个明显的发展态势。

（二）“三横两纵”构成国内旅游合作新格局

2014 年，随着国家旅游产业体系的不断完善，发展思路的不断成熟，区域旅游合作进一步发展，跨区域旅游合作更加紧密。国家政策对于大区域的发展也给与了重要倾斜，全国尺度的旅游带结构也在逐渐形成。总体来看，我国逐步形成了“三横两纵”的区域旅游合作的总体空间格局。

1. 三大横向旅游带进一步向纵深化发展

（1）长江沿线旅游带不断向国际黄金旅游带迈进

长江沿线经济方面的强大优势，加上便捷的交通、巨大的市场潜力，很大程度上促进了长江沿线旅游带的发展。同时，长江经济带城市之间围绕长江黄金水道、旅游区域合作、劳务输出达成多边合作协议，极大地方便了城市之间的基础设施合作。另外，长江经济带也有多种类型的旅游资源，将这些旅游资源整合，共同发展，必将在大环境下成为新的旅游发展热点。2014年9月25日国务院印发《关于依托黄金水道推动长江经济带发展的指导意见》（以下简称《意见》），提出要充分发挥长江沿线各地独具特色的历史文化、自然山水和民俗风情等优势，大力发展特色旅游业，把长江沿线培育成为国际黄金旅游带。《意见》提出，要积极推动区域中心城市逐步形成以服务业为主的产业结构。充分发挥长江沿线各地独具特色的历史文化、自然山水和民俗风情等优势，打造旅游城市、精品线路、旅游景区、旅游度假休闲区和生态旅游目的地，大力发展特色旅游业，把长江沿线培育成为国际黄金旅游带，这些均为长江沿线旅游带的形成奠定了坚实的基础。

（2）中国古老长城旅游带正在向国际文化旅游带发展

长城是文化艺术的摇篮，是爱国主义教育的场所、观光旅游的胜地，也是中华民族优秀传统和精神的象征。但长期以来，境外游客对长城的游览仅仅局限在八达岭等几处地方，如何使长城品牌焕发更大活力，成为旅游业面临的一道难题。为整合长城沿线的区域旅游产品资源，2014年1月8日，北京、天津、河北、山西、内蒙古、陕西、甘肃、宁夏8个省区市旅游局（委）代表齐聚北京，成立“中国长城旅游市场推广联盟”。会上，联盟代表审议通过《中国长城旅游市场推广联盟章程》。根据章程，联盟成员将通过资源整合、产品包装、形象宣传、联合营销等方式，推动长城沿线旅游产品一体化开发和推广，促进区域互动与合作，最终把长城打造成为国际知名的精品旅游线路。

（3）陇海兰新旅游带成为陆上丝绸之路的重要组成部分

陇海兰新线是贯穿我国东西的一条铁路大动脉，由陇海线与兰新线组成，对国内旅游交通提供了巨大支持。2014年9月18日上午，陇海兰新经济促进会第十四次年会暨丝绸之路经济带发展论坛在宝鸡举行。会议指出，陇海线沿线城市将积极落实国家战略，促进区域旅游业协同发展，立足各自资源禀赋、产业特点和发展优势，不断深化旅游业相关领域合作。特别是在促进旅游产业联动发展、深化市场体系建设等方面，努力将陇海兰新线沿线打造成为联通东西、辐射南北的旅游精品带，成为丝绸之路经济带最具辐射带动力的旅游走廊。

2. 两大纵向旅游带格局不断显现

（1）京杭大运河旅游带的品牌效应不断突显

京杭大运河全长约1794公里，涉及沿线8个省市27座城市的27段河道和58个遗产点，发展旅游业具有得天独厚的优势。2014年6月22日，京杭大运河文化遗产成功入选《世界遗产名录》，同时还被国际工业遗产保护委员会在《国际运河古迹名录》中列为最具影响力的水道，这些使得京杭大运河旅游带的品牌效应和战略意义得到了全面的凸显。

（2）青藏铁路旅游带的产品不断出新

青藏铁路于2006年7月1日正式运营通车，其沿线拥有独特的历史文化、浓郁的民族风情、奇特的地势地貌、丰富的高原生态等资源优势。青藏铁路开通以来，沿线景点建设随着旅游者的增加也在不断丰富，世界顶级旅游带已见雏形，沿途站点及城市逐渐成为新兴旅游目的地。青藏铁路全线贯通，对改变青藏高原贫困落后面貌，增进各民族团结进步和共同繁荣，促进青海与西藏经济社会又快又好发展产生了广泛而深远的影响。近年来青藏铁路沿线合作不断深入，形成了一批新的旅游目的地，为区域旅游业的发展提供了有力的支撑。

（三）跨国合作旅游成为新的发展趋势

在世界经济复苏乏力的背景下，中国为推动区域经济一体化做出了很多战略部署，包括“一带一路”、中印缅孟经济走廊战略、中巴经济走廊战略、东北亚经济整合战略等。这些战略部署，以区域经济一体化为核心，以中国的国家战略为基础，符合亚太乃至亚欧几乎所有成员国的战略利益。2014年8月21日，国务院发布《关于促进旅游业改革发展的若干意见》，意见明确提出，要围绕“一带一路”建设，在东盟—湄公河流域开发合作、大湄公河次区域经济合作、中亚区域经济合作、图们江地区开发合作以及孟中印缅经济走廊、中巴经济走廊等区域次区域合作机制框架下，推动我国同东南亚、南亚、中亚等区域旅游合作。跨国旅游发展不仅能增加多国之间的文化交流，而且还能促进多国之间的经济发展、社会进步，不仅是跨国的区域发展战略的重要组成部分，而且还将有利于这个发展战略走向实处。

三、区域旅游格局逐步趋同、内涵不断丰富

（一）东中西梯度递减依然是区域旅游格局的主要特征

1. 区域旅游潜在出游力依然呈现出东中西逐级递减的空间格局

2014 年，客源地潜在出游力地域空间形态保持相对稳定的态势，整体依然呈现“三级阶梯状”，形成东、中、西三个空间分异带：潜在出游力前十名的省份除湖北省外，全部分布在东部区域，东部省份中只有河北和海南排在十名之外，分列第 11 位和第 17 位；潜在出游力排名在 11 ~ 20 位的省份，除了东部省份河北、海南，西部省份四川、陕西、重庆外，均为中部省份；潜在出游力后 11 位的省份，除了吉林和山西之外，其他省份均分布在西部区域。这种“东中西”的分布格局与中国区域经济地带差异呈现出相似的空间分异格局，也与中国三大阶梯分界线大致吻合。各省（区、市）出游力从东到西仍然表现为“7∶2∶1”的比例分割形态，区域差异明显，从东部到西部，出游力表现为明显的衰减趋势。

2. 三大旅游市场，东部地区仍然占据主导地位，中西部地区发展迅速

（1）国内旅游

东部地区保持优势，中西部地区迅速崛起。依据携程网的调查数据，2014 年春节黄金周期间，旅游出行人气较高的城市主要集中在东部地区，旅游到达人气较高的城市仍以东部地区的城市为主。

表4-1 春节期间旅游人气最旺的城市排名

分类	年份	城市
出行人气最旺前十名	2013	上海、北京、广州、深圳、成都、杭州、三亚、昆明、厦门、重庆
	2014	北京、上海、广州、深圳、成都、重庆、西安、杭州、厦门、武汉
到达人气最旺前十名	2013	上海、北京、广州、深圳、成都、重庆、三亚、杭州、西安、厦门
	2014	厦门、三亚、北京、哈尔滨、桂林、丽江、上海、南京、昆明、西安

“五一”小长假期间，旅游出行人气较高的城市东部地区7个，中西部地区3个，这表明游客出行方面东部地区的城市仍占据较大优势。旅游到达人气较高的城市与2013年相比排名有所变动，其中上海取代三亚成为旅游到达人气最高的城市，青岛取代黄山进入十大到达人气城市之列。

表4-2 “五一”期间旅游人气最旺的城市排名

分类	年份	城市
出行人气最旺前十名	2013	上海、北京、广州、深圳、杭州、南京、成都、重庆、武汉、苏州
	2014	上海、北京、广州、深圳、杭州、南京、成都、重庆、武汉、苏州
到达人气最旺前十名	2013	三亚、厦门、上海、北京、丽江、桂林、杭州、黄山、九寨沟、西安
	2014	上海、三亚、厦门、桂林、丽江、北京、西安、九寨沟、杭州、青岛

“十一”小长假期间，旅游出行人气较高的城市与2013年相比格局有所变化。上海、北京、广州、深圳仍是出行人气最高的四大城市，但南京、天津和武汉取代了原来的西安、厦门和昆明进入十大出行人气城市。旅游到达人气较高的城市与2013年相比格局发生较大改变，上海、三亚、北京成为到达人气最高的城市，厦门、丽江、桂林、三峡等自然风景较好的城市和地区也成为热门旅游目的地。

表4-3 “十一”期间旅游人气最旺的城市排名

分类	年份	城市
出行人气最旺前十名	2013	上海、北京、广州、深圳、成都、杭州、西安、重庆、厦门、昆明
	2014	上海、北京、广州、深圳、杭州、成都、南京、天津、重庆、武汉
到达人气最旺前十名	2013	北京、上海、广州、深圳、成都、香港、西安、杭州、重庆、厦门
	2014	上海、三亚、北京、厦门、丽江、西安、桂林、杭州、三峡、南京

单从出游情况来看，东部地区仍是最主要的客源地，上海、北京、广州、深圳、杭州等经济发达的大城市出行人气居高不下。同时，东部地区也是最主要的旅游目的地，经济发达、综合实力强劲的北京、上海、广州、杭州等一线城市和自然风光较好的三亚、厦门等旅游城市到达人气一直较高。中西部地区的旅游发展水平虽然整体落后于东部地区，但发展潜力巨大，其中成都、重庆一直是中西部地区最重要的客源地，武汉在2014年开始成为另一重要的客源地。特别值得一提的是，三峡在2014年“十一”黄金周首次进入到达人气最旺排行榜前十名，这表明中西部地区和二三线城市的休闲旅游市场正在迅速崛起。

（2）入境旅游

中西部地区增长趋势明显。根据国家旅游局发布的2014年前二季度全国旅行社统计调查数据，2014年1～6月，全国旅行社入境旅游接待总人数达到808.41万人次，接待人天数达到2202.43万人天。按照区域格局对东部、中部和西部各省市自治区旅游接待情况进行排名发现，东部地区各省份明显高于中西部地区省份，而中部地区省份又略高于西部地区省份，体现了入境旅游市场地位东中西依次递减的基本格局。就区域内部而言，2014年第二季度，东部地区各省份间的差异也较为明显，其中广东、江苏等省份的接待量较大，而河北、天津和海南等省份的接待量明显落后于其他东部地区省份。西部地区入境旅游呈现出明显两极分化的特征，如陕西、重庆、四川等省份的接待量较大，而甘肃、贵州、新疆、西藏、宁夏、青海等省区接待量很少。可见，入境接待量与地区经济实力和交通运输条件有密切关系，东部经济发达的沿海地区因有国际性航空口岸的依托，在我国入境旅游市场中居于绝对的主导地位。中、西部地区省（市）受经济发展水平和缺乏大型口岸等条件制约，在接待量上仍然与东部地区保持着较大的差距。

从2014年第一季度与第二季度全国旅行社入境旅游接待情况变化来看，东部地区除广东、江苏、山东、福建、广西五省区排名不变或有所上升外，其他六省排名均有不同程度的下降，其中上海由原来的第3名变为第11名，北京和辽宁由原来的第2名和第5名变为第7名和第10名。与此相对应的是，中西部地区的湖北、湖南和陕西表现非常抢眼，都进入了旅行社入境旅游接待人次前十名，由原来的第11名、第16名和第13名上升为第2名、第3名和第8名。这在一定程度上反映了中、西部地区城市入境旅游接待能力增长较快，表现出强有力的上升趋势。

从2014年1~6月全国旅行社入境旅游接待情况可以得出与2013年基本一致的结论：经济发达的长三角、珠三角等地区是我国主要的入境游客接待地区，占据着目前我国入境旅游市场的绝对主导地位。中部地区经济条件和交通条件次于东部但优于西部，且离沿海地区较近，交通便捷，因而入境旅游发展迅速，增长平稳。西部地区经济条件、交通条件以及旅游市场方面条件都相对落后，但部分省市和地区已优先发展起来并呈现良好势头，形成了入境旅游的“增长极”，具有极大上升空间和发展潜力。

表4-4 2014年第一季度和第二季度全国旅行社入境旅游接待人数排名

省区市	第一季度	第二季度	省区市	第一季度	第二季度
广东	1	1	云南	17	13
北京	2	7	河北	18	22
上海	3	11	广西	19	16
浙江	4	6	天津	20	23
辽宁	5	10	吉林	21	20
山东	6	5	安徽	22	18
江苏	7	2	甘肃	23	26
重庆	8	12	海南	24	25
四川	9	14	内蒙古	25	19
山西	10	24	江西	26	24
湖北	11	3	贵州	27	27
福建	12	9	新疆	28	28
陕西	13	8	宁夏	29	30
黑龙江	14	17	青海	30	31
河南	15	15	西藏	31	29
湖南	16	4			

（3）出境旅游

东部地区仍占据主力位置，中西部地区大省增长势头强劲。《中国出境旅游季度报告2014Q3》显示，2014年上半年出境人数总体同比增长约17%，从区域发展状况上看，出境旅游消费相对较高的特点，以及东部地区居民相对较高的人均可支配收入，决定了东部地区必然也占据中国出境旅游的主力位置。不过，与国内旅游、入境旅游的情况相似，中西部地区的出境旅游市场正在迅速发展，湖北、重庆、四川等经济较发达的省市在2014年上半年全国旅行社组织出境旅游人数排名中名列前茅。随着中西部地区经济实力和开放程度的进一步提升，中西部地区的出境旅游市场将得到进一步的扩大。

表4-5　2014年前二季度各地旅行社组织出境旅游排名

省区市	第一季度	第二季度	省区市	第一季度	第二季度
广东	1	1	陕西	17	13
山东	2	5	河南	18	16
浙江	3	4	天津	19	20
上海	4	3	江西	20	22
辽宁	5	8	黑龙江	21	15
重庆	6	9	广西	22	24
江苏	7	6	吉林	23	21
湖北	8	7	贵州	24	23
福建	9	10	海南	25	29
北京	10	2	内蒙古	26	26
四川	11	11	甘肃	27	25
湖南	12	12	青海	28	30
安徽	13	18	宁夏	29	27
云南	14	19	新疆	30	28
河北	15	17	西藏	31	31
山西	16	14			

三大旅游市场的数据表明，国内旅游市场仍旧呈现出东部市场份额居于主导地位，而中西部处于从属地位的格局。东部地区保持了相对较高的旅游出游能力和经

济收益，而中西部地区旅游发展相对较弱。但从增长幅度和发展潜力上看，中西部地区的增长率明显高于东部地区，具有较大的发展空间。

3. 城乡旅游二元结构特征依然突出

2014 年，我国城镇居民国内旅游出游人数 21.86 亿人次，出游率为 328.4%，比上一年度提高了 38 个百分点。农村居民国内旅游出游人数 10.76 亿人次，出游率为 159.6%，比上一年度提高了 7.7 个百分点，出游率比城镇居民相差甚远。虽然城镇和农村居民的出游都以男性和中青年为主，但出游者在受教育水平、经济学特征等方面仍存在较大差别。在城镇出游者中，大学本科、专科以上教育水平的出游者占 53.5% 以上，是出游的主力；而农村出游者中初中、高中（中专/职高/技校）教育水平的出游者比例占 57.7%，是出游的主力。农村出游者受教育水平比城镇出游者普遍较低。城镇居民国内游客人均每次花费 1069.8 元，而农村居民为 633.3 元，远低于城镇水平。上述数据在一定程度上反映出我国城乡发展二元结构的现状。

（二）“一带一路”战略和城市群发育将促使区域旅游格局逐步趋同

1. “一带一路” 战略将有效发挥中国沿海发展脊对区域旅游的辐射带动

改革开放使沿海地区成为我国版图上经济最为发达的区域，成为名副其实的中国沿海发展脊，以区域经济为基础支撑的我国区域旅游格局也总体上呈现出“东部为脊，两侧为翼，并逐级递减”的空间格局，但“一脊两翼”并不均衡，陆翼渐丰、海翼乏力。发达地区对落后地区的辐射带动，需要交通联系、区域合作等载体，更需要国家战略的重点推动。“丝绸之路经济带”和“21 世纪海上丝绸之路”的“一带一路”战略，将有效加强我国的东中西陆上联系以及沿海与海外的海上联系，通过强调省区之间的互联互通、产业承接与转移来改变中国区域发展版图，有利于加快我国经济转型升级。大型跨区域的带状国家战略，直接关联文化、旅游、贸易、金融、交通、基建等诸多社会经济领域，区域旅游在首当其冲的直接影响下，要抓住机遇、创新发展，发挥东部沿海地区的区域旅游辐射带动作用，促进区域旅游格局的整体跃升。

2. 区域国家战略及城市群发育将使客源地格局呈现多点开花的局面

近年来，高铁、高速公路的建设极大改善了城市之间的交通状况，城市间的产业联系与经济合作不断加强，区域经济一体化的进程加快。目前，除京津冀、长三角、珠三角三大城市群之外，一些城市群诸如山东半岛城市群、辽中南城市群、中原城市群、长江中游城市群、海峡西岸城市群、川渝城市群和关中城市群等也在快速发育之中。城市群是中国未来经济发展格局中最具活力和潜力的核心地区，在全国生产力布局中起着战略支撑点、增长极和核心节点的作用。据不完全统计，我国城市群总面积占全国的21.13%，却集中了全国48.99%的总人口、51.39%的城镇人口、47.98%的城镇数、78.78%的经济总量、76.09%的工业总产值、81.94%的第二产业增加值、83.50%的第三产业增加值、84.86%的高等学校在校学生①。可以说，中国城市群集中了绝大多数的经济要素，也集中了我国绝大部分的消费人群，城市群已经成为我国出游力旺盛的主要客源地，将成为中国未来旅游客源地的主体，而城市群的空间格局将是构成我国旅游客源地的主体框架。同时，自2009年以来，从东部地区的珠三角、长三角、环渤海，到中部地区的黄河三角洲、皖江城市带、鄱阳湖生态经济区，再到西北、东北地区的关中—天水经济区、辽宁沿海经济带，区域发展陆续上升为国家战略，而且以前所未有的速度密集出台，势必勾画出中国经济新版图。

区域国家战略的实施及城市群的发育，将给我国经济版图增添许多新的有活力的区域版块，这些版块空间设施不断完善、产业要素不断优化、居民生活水平和质量日益提高，客源市场不断发育，必将发展成为新的客源地，并将深刻影响我国区域旅游的发展。

（三）新型城镇化和乡村旅游发展将促使区域旅游在内涵上不断丰富

1. 城市旅游在新型城镇化战略的促进下优化发展，将不断丰富“城”的内涵

据不完全统计，我国城镇居民旅游消费占全国的76%，发达国家的相应比重也均在80%以上，在我国每年30多亿人次的国内旅游市场规模中，以城镇为目的地

① 方创琳，宋吉涛，蔺雪芹. 中国城市群可持续发展理论与实践［M］. 科学出版社，2010.

的占21亿人次以上。事实上，城市已经构成现代旅游业发展的关键空间支撑。中央城镇化工作会议全面部署了推进新型城镇化的战略举措，预计到2030年，我国城镇人口将达到10亿人。新型城镇化对城市建设更加宜居做出了明确要求，为城市旅游发展营造了要素更为完善、内涵更为丰富的发展空间。

近年来，城市旅游在市民与游客共享生活空间的发展理念指导下，发展内涵不断丰富，也积累了一些值得推广的经验：空间更加共享，全国很多城市公园都进行了开敞式改造，拆除围墙，将绿色还给市民，将品质分享给游客。尺度变得宜人，建设街区景观小品、培育市民触手可及的消费业态，降低规模、分散布局，融入市民的生活空间中，已成为很多城市的共识；服务得到提升，南方沿海经济发达的城市，管理者的角色已开始逐渐向服务者转变，不仅完善丰富城市的服务设施，更在服务意识和服务态度的提升上下功夫；态度更加包容，宽阔的街道和宏伟的标志性建筑并不是城市的全部。对历史遗迹的包容，行走在城市中能偶尔看到一处古老沧桑的建筑；对市井百态的包容，广场中能遇到操着乡音卖土特产的老农。这种包容带来的真实，才是城市的本质，才是维系城市旅游活力的源泉。

2. 乡村旅游在众多国家战略的交会中跨越发展，将不断拓展“乡”的范畴

乡村旅游是众多国家战略的交会点，也是解决“三农”问题直接而有效的途径。为了贯彻十八大精神，我国选择浙江、贵州、海南等7个重点省份启动美丽乡村建设试点，中央和地方财政总共投入29.85亿元，在130个县（市、区）、295个乡镇开展了试点，1146个行政村将被打造成为宜居、宜业、宜游的美丽乡村，受益农民达235万人，发展乡村旅游被作为美丽乡村建设的重要导向。中共中央、国务院印发的《关于创新机制扎实推进农村扶贫开发工作的意见》提出，在农村扶贫工作领域要实现《中国农村扶贫开发纲要（2011－2020）》提出的奋斗目标，到2015年，要扶持约2000个贫困村开展乡村旅游，到2020年，要扶持约6000个贫困村开展乡村旅游，带动农村劳动力就业，这是中央文件中首次专门部署乡村旅游发展，把乡村旅游作为我国扶贫工作的重要手段。现阶段，乡村休闲度假已成为我国旅游经济的重要力量，据测算，乡村旅游营业收入占全国旅游总收入的9.3%以上，乡村旅游从业人员占全国农村劳动力达到6.9%以上。《国民旅游休闲纲要（2013—2020年）》提出要加强特色旅游村镇建设，鼓励开展城市周边乡村度假，乡村旅游作为一种重要休闲方式被纳入国家休闲经济蓝图规划中。乡村驿站、家庭农场、生态农业观光园、“非主流”度假村等新兴业态为乡村旅游发展注入活力，城市游客的多样化诉求得到积极回应。

四、促进区域旅游发展的对策建议

（一）利用国家战略契机，提升旅游产业整体竞争力

“一带一路”是中国走出去的全球化战略，为我国旅游产业整体竞争力提升提出了总体方向：一是从点状引擎到综合引擎的提升；二是从单一功能到综合功能的提升；三是从单一主导到综合推动的转变；四是从单一盈利到综合盈利的转变。沿路沿带各地区应以上述四个提升为基本出发点，积极融入“一带一路”建设，充分发挥各地在“一带一路”上的关键节点作用，强化与沿路沿线国家和城市的旅游合作。“一带一路”势必将形成许多新兴的跨区域旅游线路，地方政府积极制定和调整各自所在区域的旅游发展规划，以更加宽阔的视野，重新确定其在“一带一路”格局中的职能定位和分工。在发挥比较优势的基础上，积极拓展旅游支线体系、丰富完善旅游产品体系。借助“一带一路”的跨区域利好，统筹利用广域旅游资源和市场，为自身谋得更大发展空间。

（二）发挥现有区域旅游创新示范作用，以点带面，实现全域旅游创新发展

区域旅游发展创新需要地方政府结合当地的自然、文化、社会、经济等条件长期谋划创新思路。首先，政府部门应在客观把握当地旅游资源及客源市场条件、系统分析社会经济发展状况的基础上，比较自身基本情况及国内外相似样板区域，制定旅游发展规划，确立旅游产业的发展方向、发展模式和行动路线。其次，加强与国家宏观政策的对接，积极向不同部门申请政策支持，着力营造良好的创新环境。再次，提高政府主管部门捕捉市场需求变化的敏锐力，鼓励地方政府统筹当地的经

济社会发展资源，依托当地居民的生活资源，开发适合大众旅游需求的非传统优势资源，向旅游产品和旅游体验对象转化，因势利导推进旅游发展创新。最后，选取不同行政级别、不同类型的区域旅游创新样板，通过举办现场会、研讨会、研讨班的形式，对主要旅游行政部门领导进行轮训，培养区域旅游发展创新人才，形成一批既有实践经验又有理论知识的旅游产业发展骨干力量，并鼓励各地结合各自的旅游产业发展实际，在借鉴已有成功经验的基础上，加强调查研究，探索适合当地实际的旅游发展创新之路。

（三）发挥比较优势，促进东中西旅游良性互动发展

1. 东部地区应更加注重旅游经济效益提高和结构优化

从长期发展趋势看，东部地区在区域旅游格局中的主导地位不会发生显著变化，应充分利用东部地区的领先优势，注重提高旅游经济效益和优化旅游经济结构，争取在相关政策的制度框架内，探索先行先试的模式和做法，为中西部地区旅游业的发展积累经验。

2. 中部地区应进一步加强旅游基础设施建设和跨区域旅游合作

中部地区要充分发挥在区域旅游合作中承东启西的连接作用。首先，加快改善旅游基础设施，加强旅游公共服务设施建设和配套，夯实旅游大发展的基础。其次，以项目为载体，以市场为纽带，积极与东、西部进行跨区域旅游合作。同时开发合作经营的跨地域旅游产品和线路，提高旅游产品的品位和等级，联合推出促销。

3. 西部地区要重点引导本土中小型旅游企业发展，积极培育有效的旅游市场主体

西部地区应积极引导具有成长力的本土中小型旅游企业发展，扶持中小企业向专业化方向发展。引导旅游企业以市场为导向，通过信贷、融资、财政等优惠政策，扶持、培育一批具有竞争力的本土饭店、景区、旅行社、餐饮等旅游企业，在此基础上整合组建跨行业的综合性旅游企业。发挥龙头企业的带动作用，提高当地旅游

市场的整体竞争力。开放旅游市场，积极引进外资、内资和民间资本参与旅游项目建设，培育多元化的旅游市场主体。

（四）进一步推进城乡旅游统筹发展

1. 构筑城乡旅游发展框架，实现乡村旅游与城市、城郊旅游联动发展

我国具有典型的城乡二元结构，乡村发展滞后城市，现阶段统筹城乡旅游发展仍要以城市为中心，通过城市带动乡村，达到城乡旅游协调发展。应根据对当地乡村旅游发展的研究，加强乡村旅游规划，选择在可进入性好、资源有吸引力、客源有保证的农村发展乡村旅游，并与城市、城郊旅游有机结合、协调发展。

2. 统一城乡旅游发展规划，促进城乡旅游协调发展

统筹城乡旅游发展规划，通过科学规划来引导城乡旅游协调发展。应改革城乡旅游发展规划管理体制，突破过去只注重景区、城镇旅游规划的局限，将城乡旅游发展规划的调控和管理的范围从城镇、重点景区扩展到整个城乡空间，使城乡旅游发展规划与社会经济发展规划和国土利用规划相协调。

3. 加强城乡旅游合作和营销推广，完善城乡旅游互动发展产业链

建立城乡统一的旅游市场联合营销体系、旅游产品联合开发体系和旅游宣传联合推广体系，推动城乡旅游产业互动，实现旅游产业一体化。城市可以发展相对经济的餐饮和住宿设施，适当针对乡村旅游者降低门票价格，对部分城市公园实行完全免费以招徕乡村游客，开发适合乡村游客消费的各种旅游纪念品和旅游产品。乡村则可以开发更具吸引力的旅游产品和旅游资源，开发较为高档且适于城市居民消费水平的餐饮、住宿等基础设施，发展丰富而具有乡村特色的旅游产品。另外，乡村旅游在食宿设施建设上，要注意旅游环境和接待设施的卫生标准。乡村旅游设施不能一味地追求高档次，以免失去乡村旅游赖以生存的乡土性而走向城市化倾向，失去对城市居民的吸引力。

4. 加强城乡旅游通道建设，保障城乡旅游共用互补

建设好由旅游中心城市、旅游点、旅游交通线构成的旅游网络通道体系，保障

城乡旅游资源互补、旅游客源和目的地的互动。旅游网络通道体系其外在形式是各级旅游中心城市、旅游点，以及由公路、铁路、航空、水运构成的连接旅游中心城市和旅游点的旅游交通线路；其内在形式是旅游网络通道之上的旅游流。具体要利用已有通道体系，遵循通道连接旅游资源最丰富、游客旅行费用最低、旅游流最大的原则，实现旅游网络通道体系的改造和完善。

（五）推动实现以城市群为载体的区域旅游合作

城市群、都市圈逐渐成为旅游产业发展的重心，跨区域旅游合作呈现出前所未有的发展态势。政府层面，应联手营造区域性的旅游业发展环境，联手提供区域性的旅游公共服务和公共产品。具体应由国家发改委和国家旅游局牵头，尽快组织相关省市联合编制区域性的旅游业协调发展规划；在规划编制的基础上，有必要建立地区旅游一体化的常设议事机构，如各种区域旅游合作的政府首脑联席会议制度，务实推进区域旅游发展的各项工作。旅游企业层面，应以资金、技术、管理和品牌等为依托或纽带，有效整合区域资源要素，深化区域旅游合作。应该支持区域内的旅游企业加强合作，鼓励大型旅游企业实现跨省市经营和品牌输出，提升地区旅游产业体系的整体素质。共同打造跨省市旅游品牌和形象，将区域内旅游产品统一包装，形成特色旅游产业集群和旅游产品线路。此外，应广泛建立各类区域性的非政府旅游组织，创建区域旅游合作的新平台。比如由多个层面、多利益群体的代表组成的区域性行业组织，并与国际旅游组织建立密切合作关系，加强相互的交流与合作，共同防范和抵御区域旅游风险。

第五章

台港澳旅游交流与合作的新局面

2014 年，台、港、澳地区旅游业发展形势良好，各个地区到访游客规模及旅游收入继续保持增长，产业运行稳定。海峡两岸暨香港、澳门旅游市场交流更为密切，相互依赖的程度进一步提高。旅游作为人员交往的主要方式，其促进海峡两岸暨香港、澳门交流合作的作用愈发凸显，也越来越受到重视。为进一步推进海峡两岸暨香港、澳门的旅游交往与合作，未来应继续推进海峡两岸的旅游便利化政策，逐步互相开放两岸旅游市场，促进两岸的民间交流和理解；各方突出自身优势，不断创新旅游产品，在游客流量持续增加的趋势下，更加注重旅游品质的提升；将海峡两岸暨香港、澳门的旅游合作推向更高层次，合作机制常态化，制定中长期发展战略。

一、台、港、澳旅游业发展概况

2013 年，台、港、澳地区旅游业稳定增长。访问台湾、香港和澳门地区的游客分别为 801.63 万人次、5429.88 万人次和 2932.48 万人次，与 2012 年相比分别增长 9.64%、11.7% 和 4.4%。相比之下，2014 年 1 ~9 月的数据显示，2014 年台、港、澳地区的旅游业较上年增长更为明显，增长速度分别为 25.01%、12% 和 7.40%，均高于上年全年的增长水平。可见 2014 年全年三地旅游业的发展形势优于 2013 年。

（一）2014 年台湾旅游业发展概况

台湾地区 2013 年生产总值为 14.56 万亿元新台币，比上年增长 2.1%，折合人民币 30300.60 亿元。2013 年台湾经济总体表现欠佳，经济增长乏力。但旅游产业一枝独秀，在一定程度上缓解了台湾经济的低迷程度。据已有数据显示，台湾经济在 2014 年表现转佳，第三季度经济增长 3.63%。台湾“主计总处”预计 2014 年全年台湾经济增长约为3.43%。其中，旅游观光业仍然是该增长的主要拉动力之一。

1. **台湾入岛及出岛旅游市场**

入岛旅游市场概况　在全球经济切实普遍好转及台湾积极的旅游促销下，2014年1~9月来台游客累计725.22万人次，同比增长25.01%，远远高于上年同期7.36%的增长。

如图5-1所示，远程及近程客源市场均出现快速增长态势。在发达经济体经济形势持续向好的带动下，欧美日等发达经济体赴台旅游出现全面快速的增长。根据台湾“观光局”统计，截至2014年9月，欧洲赴台游客为19.12万人次，同比增长19.36%；美国赴台游客33.74万人次，同比增长19.36%；日本赴台游客118.98万人次，同比增长17.64%；新西兰、澳大利亚地区赴台游客6.36万人次，同比增长22.47%。相比之下，近程市场中，主要的亚太客源市场赴台旅游增长表现不一。其中，韩国赴台游客38.12万人次，相比上年出现高速增长，增速高达66.45%，为所有客源市场中增速最快者；中国香港和中国澳门、马来西亚赴台旅游分别增长19.70%和17.86%；而新加坡赴台旅游受到高雄气爆事件影响，只有小幅度的增长，仅增长2.21%。

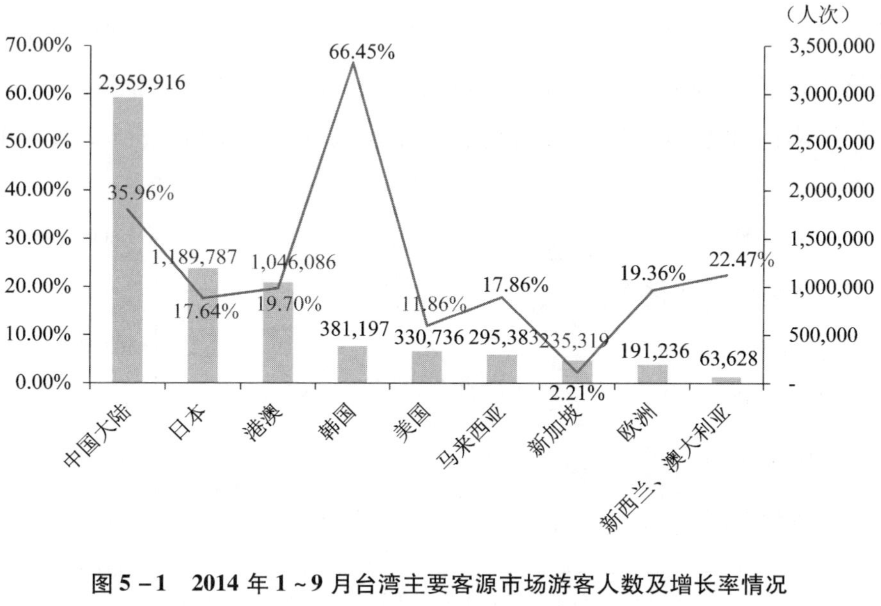

图5-1　2014年1~9月台湾主要客源市场游客人数及增长率情况

中国大陆游客继续充当赴台主力军。继2008年7月大陆居民赴台旅游正式实施，2012年大陆推出赴台旅游新政策之后，2014年大陆居民赴台自由行市场再次扩大，开放第四批10个大陆城市，目前大陆开放台湾自由行的城市数目已经达到36个。伴随海峡两岸经贸交流合作的加深，在这一政策的带动下，大陆赴台游市场再度急速扩容。据台湾"观光局"统计，2014年1～9月，大陆赴台旅游人数达295.99万人次，同比增长35.96%，这一数字是排名第二的日本的近2.5倍，并且自2010年以来，持续超过日本，成为赴台旅游的第一大客源市场。

出岛旅游市场概况 2014年1～9月出岛游客人数总计达899.98万人次，比上年同期增长7.42%，与上年同期相比，增长趋势由负转正。这也从侧面反映了台湾经济形势已基本好转，台湾居民旅游需求的快速增长已延伸至出境旅游需求。

如图5－2所示，亚洲国家仍然是台湾出岛旅游的主要目的地，赴大陆旅游恢复稳步增长。台湾居民赴亚洲国家的旅游人数为841.85万人次，占总量的93.54%。其中赴大陆游客245.79万人次，同比增长7.89%，扭转了上年的下滑趋势，并略高于整体平均增长水平。相比之下，赴日本和韩国的旅游均有较大幅度的增长，并连续两年保持较高的增长姿态，2014年1～9月分别增长25.02%和20.04%，旅游人数分别为224.36万人次和47.43万人次。虽然如此，中国大陆仍然是台湾最大的出岛旅游目的地，占总出岛旅游人数的27.31%，这一比例略高于到访日本游客所占的比重24.93%。亚洲其他较重要的旅游目的地国家（地区）依次是中国香港、韩国、中国澳门和泰国，分别占出岛旅游市场总量的17.26%、5.27%、4.17%和3.37%。

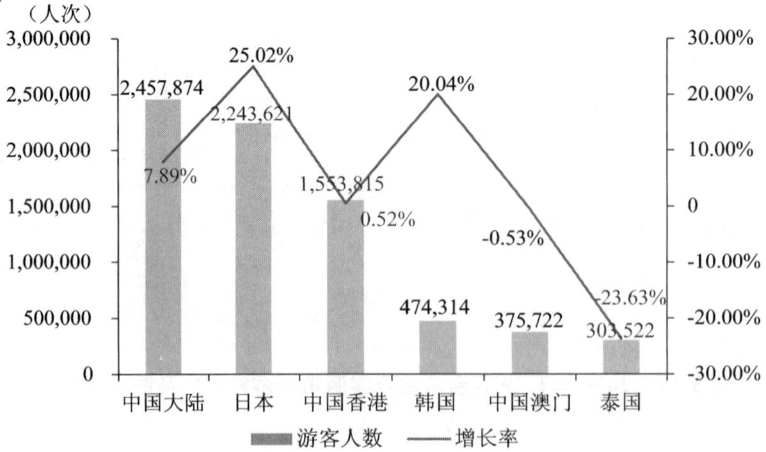

图5－2 2014年1～9月台湾居民访问亚洲主要旅游目的地的旅游人数和增长情况

如图5－3所示，远程旅游目的地虽居次要地位，但增长趋势较明显。2014年1～9月，首站不以亚洲国家或地区为目的地的台湾游客为58.13万人次，仅占全台出岛游客总量的6.46%，较2013年同期稍微有所增加，但增幅不大。其中，赴美洲游客占4.25%，赴欧洲游客占1.16%，赴大洋洲游客占1.01%。从增长速度来看，台湾居民赴远程目的地的旅游增长趋势明显。除非洲以外，首站赴美洲、欧洲和大洋洲国家的旅游市场增速分别为9.38%、11.81%和24.18%，高于首站赴亚洲国家（地区）7.09%的增速。

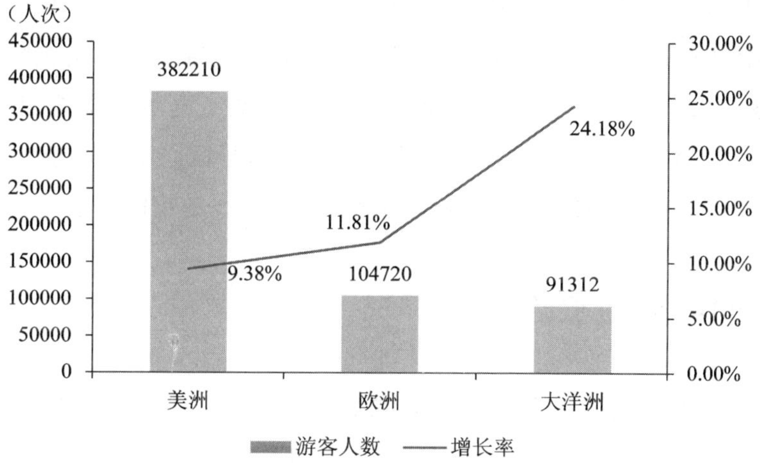

图5－3　2014年1～9月台湾居民访问远程出境旅游目的地的旅游人数和增长情况

2. 台湾旅游产业发展概况

旅游业规模不断扩大。截至2014年10月31日，台湾地区旅行社共计2627家（不含分公司），较上年同期增加127家。其中，综合旅行社125家、甲种旅行社2291家、乙种旅行社211家，分别较去年同期增加14家、99家和14家；另外，全岛导游与领队人数分别为32950人和52034人，较上年同期分别增加618人和2554人。

旅馆业及民宿规模相对稳定，市场更为有序。截至2014年9月底，台湾地区观光旅馆共计112家，较上年同期增加2家；客房数26198间，较上年同期增加352间。其中国际旅馆72家，较上年同期增加1家；客房数20585间，较上年同期增加112间。一般观光旅馆40家，较上年同期增加1家；客房数5613间，较上年同期增加240间。在台湾居民岛内旅游需求的带动下，一般旅馆数量规模自上年以来持续扩大。截至2014年9月底，共有3294家，较上年同期增加58家；客房数为139567间，较上年同期增加6848间。

民宿发展方面。截至2014年9月底，全岛拥有各类民宿5419家，同比增加845家；客房总数22603间，同比增加3540间。其中合法民宿4987家，同比增加852家，共计客房20038间，同比增加3554间。非法民宿共计432家，同比减少7家，客房2565间，同比增加14间。非法民宿数量的减少表明民宿业的监管力度增加，行业秩序更加规范。

旅游景区及游乐景点数量稳定。截至2014年9月，台湾地区拥有风景特定区51处，国家公园10处，森林游乐区22处，观光游乐区24处，休闲农场131处，博物馆496处，各级古迹459处，温泉90处，湿地84处，高尔夫球场67座，海水浴场19处，旅游特色街区21处。总体来看，台湾旅游景区与游乐业景点数量基本稳定，与2013年相比，增加国家公园和湿地各1处，减少博物馆1家。

（二）2014年香港旅游业发展概况

香港地区2013年生产总值为21224.92亿港元，折合人民币16798.80亿元，比上年增长2.9%。2013年度香港经济保持稳健发展。其中，旅游业占本地生产总值的4.7%。2014年第三季度，香港经济GDP按年实质增长2.7%，高于第二季度1.8%的增幅，这主要得益于服务出口和私人消费情况的改善。其中，由于访港游客消费跌幅收窄，服务（旅游）输出有较明显的好转。整体来看，香港经济运行良好，增长平稳。摩根大通将香港2014年经济增长预期从1.9%上调至2.3%。

1.2014年访港旅游市场

访港旅游市场概况。2014年1～9月，访港游客累计4465.91万人次，较上年同期增长12%，香港十大客源市场依次为中国内地、中国台湾、韩国、美国、日本、新加坡、菲律宾、澳大利亚、马来西亚和印度（图5－4）。其中，印度取代泰国成为第10位客源市场。十大客源市场共占总体市场的份额超过九成。

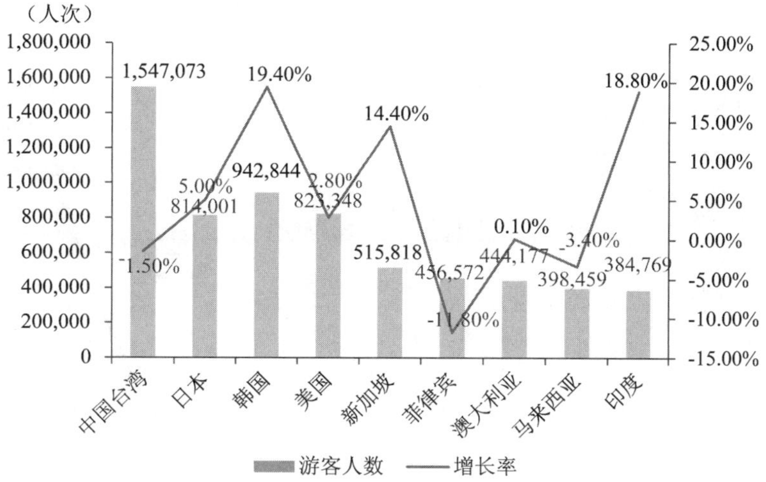

图 5-4 2014 年 1~9 月香港客源市场游客人数及增长率情况（不包括中国内地）

近程市场中，中国内地仍然是香港最大的客源市场，东北亚地区市场增长较快。2014 年 1~9 月香港接待中国内地游客 3466.24 万人次，同比增长 15.2%；中国内地游客占访港游客总量的比例高达 77.6%，同比增长 2.1 个百分点。此外，如图 5-5 所示，东北亚地区访港旅游市场增幅明显，随着日本及韩国的经济复苏，去年同期的下滑趋势已经扭转，该地区访港旅游市场同比增长 12.3%，共有 175.68 万人次。其中，韩国游客 94.28 万人次，出现较大幅度的反弹，同比增长 19.4%，日本游客 81.40 万人次，同比增长 5.0%。而南亚及东南亚访港旅游市场出现轻微下滑。南亚及东南亚市场访港游客 261.16 万人次，同比降低 0.4%。其中只有印度和菲律宾市场实现两位数增长，分别增长 18.8% 和 14.4%。而在该地区中，包括印度尼西亚、菲律宾、马来西亚和泰国在内的其他市场均出现不同程度的下滑，其中菲律宾下滑幅度较大，同比下降 11.8%。

远程市场表现一般，仅美国市场出现一定的增长。2014 年 1~9 月远程地区市场访港游客人数同比增长 0.3%，其中美洲市场访港游客总计 121.56 万人次，增长 1.2%，主要得益于美国市场 2.8% 的增长。澳大利亚、新西兰及南太平洋地区访港游客 52.83 万人次，虽已扭转去年的下滑趋势，但仅增长 0.8%；而欧洲、非洲和中东地区共有游客 160.12 万人次，下滑 0.6%。

总体看来，中国内地市场对香港入境旅游的贡献进一步上升。相比上年同期，近程地区市场（不包括中国内地）和远程地区市场所占份额均有所下降，所占比重

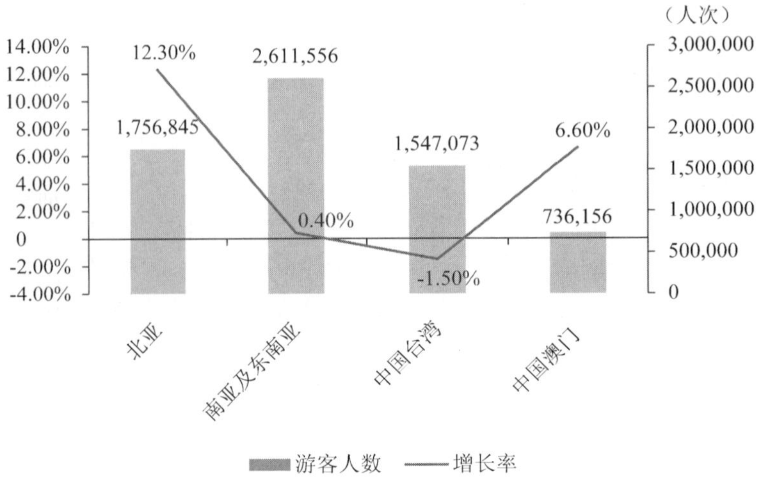

图5-5　2014年1~9月访港近程地区客源市场主要游客人数及增长率情况（不包括中国内地）

分别从上年的8.4%和16.1%下降为7.5%和14.9%。相比之下，中国内地市场份额略有上升，从75.5%上升至77.6%。

2014年上半年香港入境旅游收入稳定增加。2014年上半年赴港入境旅游相关总消费达1688.81亿港元，同比增长8.7%，增长速度较2013年同期有所放缓，但收入仍然可观。其中，过夜游客消费1052.71亿港元，同比增长7.0%；不过夜游客消费372.38亿港元，同比增长16.8%。中国内地游客共消费782.28亿港元，同比上涨7.3%，占香港入境总消费的74.3%，较2013年同期增加近2个百分点，进一步表明内地客源市场对香港入境旅游发展的重要性。关于游客消费种类，2014年上半年香港入境旅游的主要收入来源于购物（61.9%）、住宿（17.8%）和餐饮（11.1%）。

2. 2014年香港旅游产业发展概况

饭店业运营良好。截至2014年9月，香港共有240家饭店，拥有72359间客房，相比2013年，新增饭店15家，新增客房2342间。如图5-6所示，2014年1~9月，香港饭店的平均入住率达90.0%，略高于上年同期水平；平均房价为1446港元，同比上升3.1%。香港饭店业整体经营形势趋好。虽然在9月入住率出现下滑，但平均房价相比上月仍有所上升。

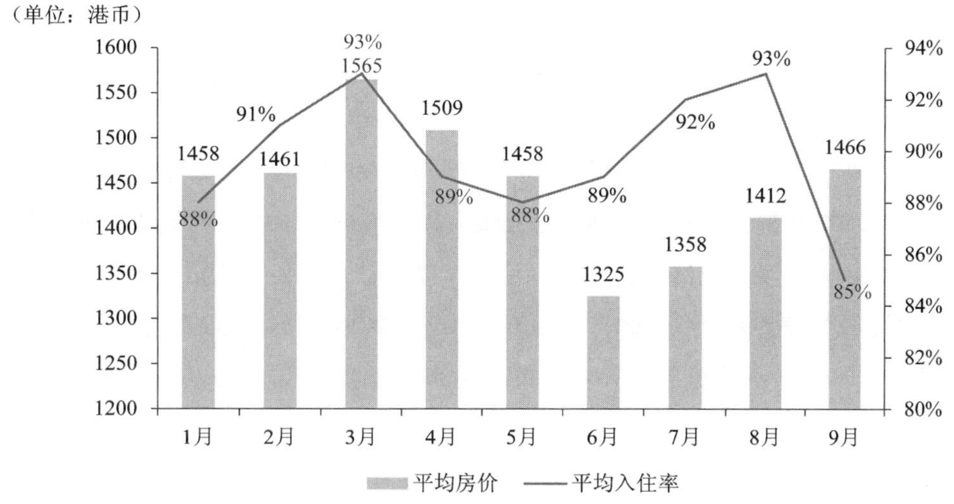

图5－6　2014年1～9月香港饭店业的平均房价与平均入住率

邮轮业快速增长。根据2014年前三季度的统计数据，香港邮轮旅游出现快速增长。接待邮轮游客总量为124.56万人次，同比增长12.7%。其中，无目的地的邮轮乘客95.15万人次，同比增长1.8%；有指定行程的在港登船或落船的邮轮乘客25.81万人次，同比增长138.3%；过境游客量达3.60万人次，同比增长29.5%。有指定行程的在港登船或落船的邮轮乘客成倍地增加，说明2014年香港邮轮旅游产品得到了市场更广泛的认可，邮轮旅游得到了快速发展。此外，过境邮轮乘客人数扭转了2013年大幅下滑的趋势，并出现较快的增长，预示着过境邮轮市场的快速复苏。按邮轮乘客总量来看，东北亚、南亚及东南亚市场同比大幅增长，分别增长125.1%和95.6%，其中韩国和印度市场急速增长，分别增长380.6%和226.3%。中国台湾市场也出现类似增长，同比增长246.6%。

会展业平稳增长。2014年1～9月的数据显示，香港会展旅游市场发展速度较快，会展旅游发展前景良好。2014年前三季度，香港接待访港会展商务游客近118.97万人次，同比增加14.4%，其中中国台湾、中国内地、南亚及东南亚地区市场增长明显，同比增长分别为35.7%、25.3%和13.7%；而中国澳门和东北亚地区则分别出现33.8%和19.4%的下滑。来自中国内地的商务游客几乎占香港会展旅游市场的半壁江山，占比达47.8%，同比增加超过4个百分点。远程市场中，除澳大利亚、新西兰及南太平洋市场有小幅下滑外，其他欧美等远程市场均有所增长。

（三）2014 年澳门旅游业发展概况

澳门地区 2013 年生产总值为 4135 亿澳门元，约合 3137.6 亿元人民币，比 2012 年增长 11.9%。据估计，这一高速增长很大程度上得益于中国内地访客的博彩及旅游消费。2014 年澳门经济增速有所放缓。《澳门蓝皮书》预计，澳门 2014 年全年 GDP 增长基本与上年持平，增长幅度约为 10%。2014 年前三季度，澳门经济增长升幅收窄为 6.0%。据分析，服务贸易欠佳是澳门经济增长放缓的主要原因。博彩服务出口跌幅扩大，按年减少 12.3%；入境旅客虽有所增加，但旅客消费减少，导致其他旅游服务出口按年下跌 0.7%。而中国内地“十一”黄金周的购物消费及 11 月澳门美食节、购物节等大型节事活动或将刺激到访内地游客在澳旅游消费，2014 年第四季度有望增加其他（旅游）服务出口，重拾澳门经济增长动力。

1. 澳门入境、出境旅游市场

2014 年 1～9 月，澳门入境游客累计达 2352.90 万人次，较 2013 年同期增长 7.40%，高出 2013 年近 3 个百分点。前十位客源国家及地区依次为中国大陆、中国香港、中国台湾、韩国、日本、美国、澳大利亚、加拿大、英国和法国。从各个客源市场所占的份额来看（图 5－7），中国大陆和香港地区市场占比将近 90%，说明澳门入境旅游高度依赖于内地和香港客源市场。

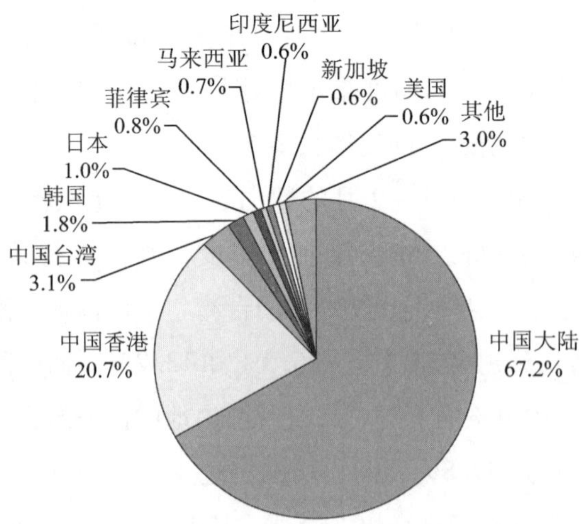

图 5－7　2014 年 1－9 月澳门十大旅游客源地市场份额

以近程市场为主体，中国内地依然是最重要的客源市场。近程客源市场中，中国大陆、韩国及日本游客增加，相比上年分别增长13.3%、19.90%和7.6%，游客数量分别为1581.29万人次、42.05万人次和22.80万人次。而来自中国香港和中国台湾的游客人数同比略有下降，分别下降5.2%和1.7%，旅游人数分别为486.40万人次和72.69万人次。远程市场中，美国、澳大利亚及英国游客有所增加，分别增长4.1%、1.3%和0.6%，而加拿大和法国游客人数减少，分别下降4.2%和5.9%（图5－8）。

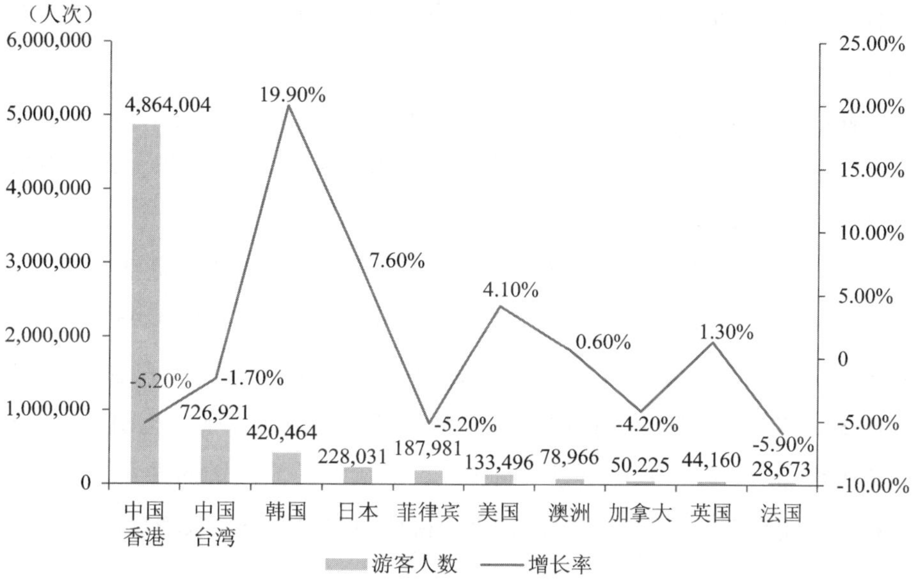

图5－8　2014年1～9月澳门主要客源市场游客人数及增长率情况

（不包括中国内地）

澳门入境旅游收入持续增加。2014年上半年，澳门入境游客总消费（不包括博彩）达163亿澳门元，较2013年同期的139亿元增加17%。过夜旅客消费为138亿澳门元，不过夜旅客消费为25亿澳门元，升幅分别为18%及12%。2014年第二季度旅客人均消费为2141澳门元，同比上升9%。大陆游客的平均消费为2659澳门元，高出平均水平24.19%，为各个客源市场最高。

出境旅游市场略有增长。2014年1～9月，澳门出境游客人数1756.37万人次，同比增加0.3%。其中有43.23万人次的游客通过参加旅行团的方式出游，71.35万人次的游客选择旅行社为其提供自由行服务，其余则以自己组织的形式出游。

2. 2014年澳门旅游业发展状况

饭店业收入增加。澳门饭店协会统计资料显示，2014年1～9月澳门共有饭店130家，新增1家，可出租客房数28892间，住客总数达到806.61万人次，同比增长了0.9%。虽然住客总数增长有限，但是饭店的收入有所增加，主要表现为饭店平均房价及入住率均有所上升。截至9月，饭店客房的平均房价为1586.80澳门元，同比增长10.9%；饭店平均入住率达86.80%，同比增长4.40%。其中，五星级饭店的入住率为87.3%，四星级饭店的入住率为87.6%，三星级饭店的入住率为85.4%。

旅行社产业规模继续扩大。截至2014年9月，澳门旅行社共计204家，比2013年年底增加了23家；导游1776名。旅行社产业规模继续稳步扩大，导游数量比2013年年底有少许减少。

澳门会展业规模迅速扩大。2014年上半年，澳门会议和展览活动数目达503个，同比增长9.8%；与会及入场达82.66万人次，同比增长高达95.80%。其中，第二季度会议及展览活动共227项（会议209项，展览18项），入会达52.2万人次，同比2013年上升139%。使用总面积为14.5万平方米，平均会期为2.0天。在会议展览数增加的同时，其规模也不断扩大，会展业对澳门的旅游业、饭店业、餐饮业等相关产业具有较强的带动效应，进而持续为澳门经济注入增长动力。

二、海峡两岸暨香港、澳门旅游市场交流与合作新动态

在海峡两岸暨香港、澳门的旅游合作过程中，无论旅游市场还是业界，其交往合作无不更加深化和密切。虽然在旅游交往过程中也出现了一些摩擦，但总体来看，海峡两岸暨香港、澳门互为主要客源市场，合作是各方旅游交往的主题和趋势。

（一）海峡两岸暨香港、澳门旅游市场交流不断深化

海峡两岸暨香港、澳门的旅游市场交流越来越密切，交往的密切度和相互依赖

程度均有所提高。具体表现为以下几个方面：

1. 大陆（内地）已然成为台港澳地区的首要客源地

如图5－9所示，据2009～2013年的统计数据显示，大陆（内地）到访台港澳地区的旅游人数持续增加，市场规模不断扩大。据2014年已有的最新统计数据，在台港澳地区的入境旅游市场份额中，中国内地游客所占比重分别高达40.64%、77.60%和67.20%，到访人数分别为261.82万人次、3466.24万人次和1581.29万人次（图5－10），而且分别保持着37.35%、15.20%和13.30%的增长态势。从市场规模来看，虽然大陆到访台湾的游客总量最少，但增长的速度最快。相比港澳地区，在海峡两岸旅游便利化政策的带动下，两岸旅游市场具有巨大的增长潜力和增长空间。

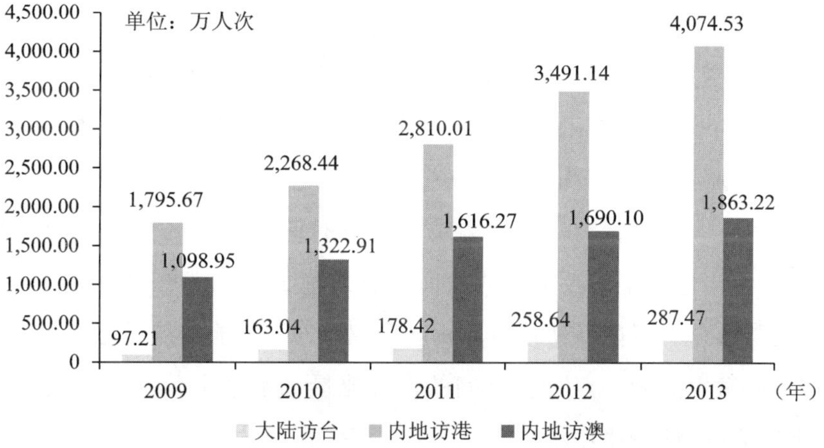

图5－9　2009～2013年大陆（内地）访问台港澳地区的游客人数统计

2. 台港澳地区构成中国大陆（内地）入境旅游的主要客源市场

根据国家旅游局的入境统计数据，2014年1～9月，大陆共接待香港游客5634.55万人次，占总量的59.53%；接待澳门游客1512.14万人次，占总量的15.98%；接待台湾游客396.7万人次，占总量的4.19%。台港澳游客共约占入境游客总量的八成，已经构成中国大陆入境游客的主体。可见，海峡两岸暨香港、澳门互为重要的客源市场，各方相互依赖，互为依存。其中，内地同香港互为首要的客源市场。

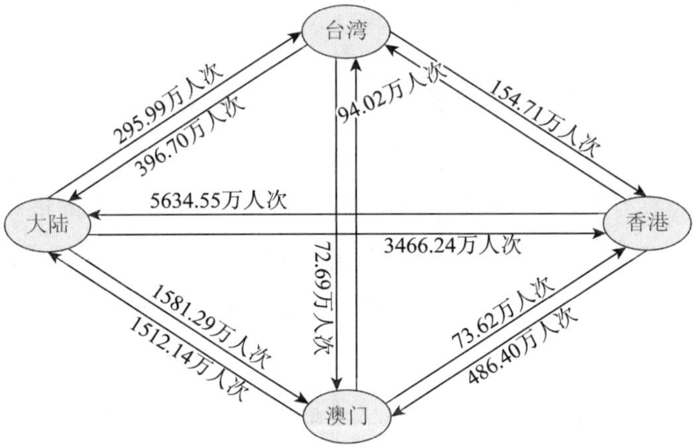

图 5 - 10　2014 年海峡两岸暨香港、澳门旅游流向和流量

注：依据各方旅游机构 2014 年 1 ~9 月的统计数据整理。

3. 虽然局部受到政治经济事件干扰，但对两岸旅游市场交流的影响不大

2014 年在海峡两岸暨香港、澳门的交往过程中也出现了一些干扰性因素，主要包括台湾的“反服贸事件”和香港“占中”事件。

2014 年 3 月 18 日在台湾“立法委员会”宣布审查通过《海峡两岸服务贸易协议》后，遭到了当地学生的反对，“政府”拒绝撤回该协议酿成了 2014 年 4 月的“太阳花学运”事件，目前该协议进入重新审议程序。从旅游统计数据上看（图 5 - 11），在该事件发生前后，双方相互间的访客流量基本稳定，这表明该事件没有对双方旅游市场造成明显的冲击。

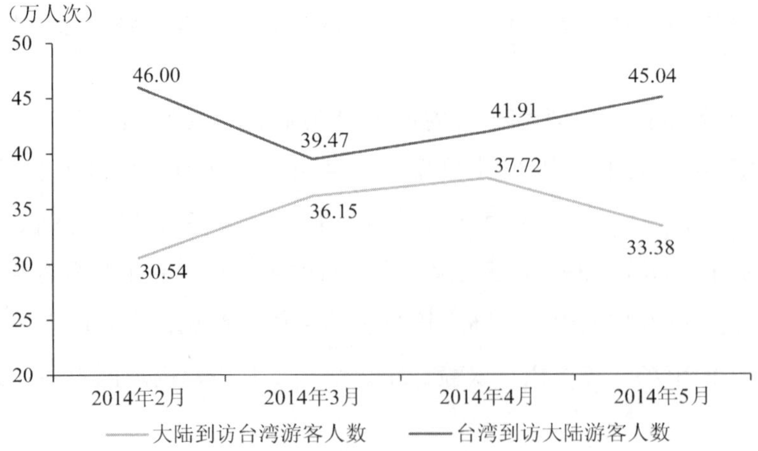

图 5 - 11　2014 年 2 ~5 月台湾与大陆间的游客流量统计

自2014年9月底以来的香港“占中”事件对零售、饮食及访港旅游等行业的经济活动构成干扰，这一事件极有可能影响内地赴香港的旅游活动。目前已发布的2014年9月旅游统计数据中（图5-12），9月内地赴香港的旅游流量大幅减少。因为7、8月份是内地旅游的旺季，且9月访客量稍高于6月份，故可认为这一减少是季节性所致。因此，已有的数据未能反映出“占中”事件的影响。这一影响极有可能表现在未来几个月的旅游统计数据中。但随着香港警方依法对“占中”展开清场，未来这一事件对内地访港旅游的影响不会持续太久。

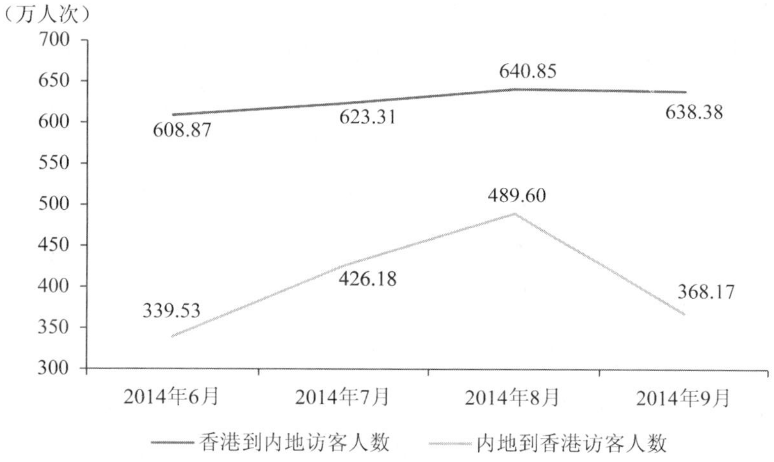

图5-12 2014年6~9月香港和内地间的游客流量统计

（二）海峡两岸暨香港、澳门的旅游业合作更加紧密

1. 旅游合作方式更加多样化

常态化的对话合作机制继续发挥平台的推动作用。海峡旅游博览会已成为海峡两岸旅游交流合作、政策发布和招商引资的主要平台，也是目前大陆唯一面向两岸及港澳四地旅游业界的品牌盛会。2014年9月第十届海峡旅游博览会在厦门市成功举办，本届博览会加大了招商引资的力度，推出了70个总投资近2000亿元的重点项目作为招商项目，重点推出26个旅游景区托管招商，尤其是面向台湾中小企业进行招商。

各方积极进行旅游宣传推介和旅游互动。2014年11月大陆举办第九届海峡两岸台北旅展，以“美丽中华之旅”为主题，对台进行积极的旅游宣传和推广，向台湾民众生动地展示大陆旅游资源，推介线路产品；香港旅发局积极深入内地，开展香港旅游推介活动，并参加了广州国际旅游展览会、中国（上海）国际奖励旅游及大会博览会、中国（广东）国际旅游产业博览会以及近期的广东21世纪海上丝绸之路国际博览会，致力于提升香港旅游形象，更好地维系并发掘内地旅游市场；澳门同样积极赴内地展览推介澳门旅游，赴北京参加2014中国（北京）国际商务及会奖旅游展览会和上海奖励旅游博览会，推广澳门奖励及商务旅游，密切同内地的旅游交流。

加强区域旅游合作，构建区域旅游发展框架。鉴于显著的地理优势，香港和澳门及周边内地省市组成泛珠三角区域，区域经贸往来不断密切。2014年6月福建、江西、湖南、广东、广西、海南、四川、贵州、云南9个省区和香港、澳门两个特别行政区的政府领导（简称“9+2”）在广州共同签署《泛珠三角区域合作框架协议》，在旅游方面，承诺共同研究制定区域旅游发展战略和市场开发策略；建立区域旅游信息库；构建区域旅游网络营销系统，创建旅游电子商务服务平台；共同策划和推广区域精品旅游线路，树立区域旅游形象，打造区域旅游品牌。这一协议标志着未来包括港澳地区的泛珠三角区域旅游合作进一步深化，为各方在旅游方面的进一步合作提供了政策支撑。继该协议之后，2014年7月，泛珠各方签署的《泛珠三角区域旅游合作框架协议》，细化旅游合作内容，主要在旅游产品合作、宣传促销、信息互通、监管合作、《旅游法》落实、人才培养等8个方面推进区域旅游合作。

地方性旅游合作继续强化。大陆（内地）更多地以省市为单位同台港澳地区建立地方性合作。2014年8月，贵州省黔台经济文化交流中心与台湾少数民族生存发展协会成功签署《黔台民族文化交流合作备忘录》，推动贵州省同台湾地区在文化、民俗旅游方面的合作；2014年9月，甘肃省旅游局、旅游协会分别与澳门特区政府旅游局、香港旅游业议会签署《旅游合作备忘录》，在旅游营销、游客互送、信息共享、行业管理、消费维权等领域建立联动合作机制，并相互举办文化旅游宣传周活动；此外，内地省市也更加注重在台港澳地区的旅游推广和宣传，如江苏、广东惠州和湛江等省市2014年在港开展旅游宣传推介活动，以吸引更多的香港游客。

2. 旅游业界合作持续深入

联合互动发展，“一程多站”旅游产品吸引更多国际游客。自 2012 年 10 月以来，深圳、珠海、香港、澳门四地在深签署首份旅游合作协议，四地将设立旅游合作联络小组，加强四地在宣传推广行业动态方面的沟通合作，共建“一程多站”旅游目的地。经过两年多的发展，目前深圳和香港“一程多站”旅游产品已经成为区域核心竞争产品，通过香港旅行社办理进入内地 6 天的“144 小时便利签证”，为东南亚游客来深圳旅游提供了极大便利。香港业界与深圳继续推动“一程多站”深港游，串联两地景点，实现资源互补，进一步拓展东南亚市场。未来，这一合作共赢模式同样可引入珠海市和澳门地区的旅游合作。

依托会议展览，促进企业合作对接、吸引旅游投资。不同于传统的旅游会展活动，越来越多的会展推出招商引资项目，并直接为企业合作提供平台。2014 年 11 月召开的第二届中国（浙江）国际旅行商大会上，有两家浙江旅行社与台湾旅行社签约。其中，浙江省中国国际旅行社与台北六和旅行社签约，将于 2015 年春节期间，组织 6 架飞机往返浙江与台湾两地，互换两地客源。在招商引资方面，依托 2014 年江苏省在香港举行的旅游推介会，江苏省共签约招商引资项目 12 个，涉及旅游饭店、度假娱乐、主题公园、农业观光等合作领域，总投资逾 600 亿元人民币。

（三）打造中国开展国际旅游合作的“窗口”

2014 年，亚太经合组织（Asia-Pacific Economic Cooperation，APEC）旅游部长会议和第三届世界旅游经济论坛均在中国澳门召开，在促进内地同澳门地区旅游交往与合作的同时，凸显了中国“一国两制”的制度优势，有利于将澳门打造为我国国际和区域旅游合作的新“窗口”。

主动扩散议题，开创中国国际旅游合作的新篇章。2014 年 9 月 13 日，第八届亚太经合组织旅游部长会议在澳门举行。中国国家旅游局领导积极利用亚太经合组织旅游部长会议这一舞台，搭建面向亚太未来的旅游业合作伙伴关系。通过主动设置议题并发布《澳门宣言》成功地向世界表达核心关切，传递旅游政策主张，开创中国在亚太经合组织框架下主动聚焦并扩散议题的新局面。

契合国家经济建设规划，促进洲际旅游合作。第三届世界旅游经济论坛于2014年10月27日在澳门举行，本届论坛以“海上丝绸之路——由澳门出发”为题，以旅游业为出发点，与中央政府提出的“丝绸之路经济带”和“21世纪海上丝绸之路”建设相契合，率先探讨了以旅游促进建设新海上丝绸之路，为全球经济新一轮增长探索新路径，将旅游经济的影响力延伸至不同地域和范畴，以达到互惠共赢。本次论坛在响应中央经济建设思路的同时，预示着以澳门为“窗口”，积极开展内地、澳门及海上丝绸之路沿线各地区的洲际旅游合作。

（四）游客和居民摩擦并不会影响旅游交往、合作不断深入的整体格局

在海峡两岸暨香港、澳门旅游交往过程中，也带来了一些负面现象，如随着内地游客的不断增加，内地游客和香港居民的摩擦近几年屡见报端。2014年4月“内地幼童小便事件”便是一个缩影。虽然目前这一事件早已平息，但对未来双方旅游交往仍具有一定的警示作用。

虽然未来短时间内此类事件可能会再次发生，但随着内地与香港居民不断深入展开对话和加深理解，相信双方都将以更加理性和包容的态度来看待此类事件。长远来看，并不会影响内地和香港继续开展积极的旅游合作和交往。整体而言，这类问题是内地赴香港旅游发展过程中不可避免的，随着香港自由行政策的放开，在发展过程中由于短期内游客流量持续快速增长，内地游客大量流入，对香港的交通、住宿等公共服务设施提出了很大的挑战，一定程度上致使内地游客同香港居民的关系紧张。但事实上，大多数香港人非常欢迎内地游客来港旅游。

三、促进海峡两岸暨香港、澳门旅游交流合作的政策建议

未来台港澳地区旅游发展及海峡两岸暨香港、澳门旅游合作可以在以下几个方面有所突破：

（一）继续推行海峡两岸的旅游便利化政策

鉴于观光产业对台湾经济的显著拉动作用，台湾已推出不少重点扶持旅游业发展的政策措施以吸引更多的游客。2014 年台湾的入境旅游取得了可喜的成就，入境市场中，不论近程还是远程客源市场都出现了不同程度的增长。目前中国大陆、日本、中国港澳和韩国是台湾最重要的客源市场。其中，自 2008 年海峡两岸同意大陆居民以组团方式赴台旅游以来，中国大陆在 2010 年便取代日本，持续作为中国台湾第一大客源市场，在为台湾带来了丰厚的经济收益的同时，缩短了两岸同胞之间的距离，增进了两岸人民的理解与信任。中国大陆这一客源市场的快速崛起，直接归因于两岸逐步开放的旅游政策。未来为维护共赢的大好形势，需继续推进两岸旅游的便利化政策。在互换客源的基础上，双方可以尝试进一步的旅游业界合作，相互借鉴各自的成功经验。

（二）突出自身旅游特色优势，创新旅游产品

依托自身优势旅游资源，未来香港地区可以着重打造会奖和邮轮旅游产品。2014 年香港的会展和邮轮旅游迅速发展，尤其是邮轮旅游中有指定行程的在港登船或落船的邮轮乘客大幅增长，同比增长高达 138.3%。澳门近几年的旅游朝着多元化的方向稳定发展，在传统博彩业的基础上，不断创新旅游产品。基于“建设世界旅游休闲中心”的定位，目前澳门已经培育了丰富的节事旅游产品，包括葡韵嘉年华、国际音乐节、美食节及各种体育赛事等。其中，比较成熟的是澳门国际烟花节，2014 年第 26 届国际烟花汇演吸引众多游客到访，已经打造成澳门的品牌节事活动。

（三）推进旅游合作机制的构建，制定中长期合作战略

随着海峡两岸暨香港、澳门的旅游交流越来越频繁，各方互相交织在一起，你中有我，我中有你。虽然目前内地同港澳地区旅游合作已经达成一定的协议，如 2003 年签订的《加强内地与香港更紧密旅游合作协议书》《加强内地与澳门更紧密

旅游合作协议书》以及 2012 年《关于建立更紧密经贸关系安排补充协议九》中相关旅游措施的落实，大陆与台港澳地区仍然缺乏有针对性的合作机制及战略。为此，大陆可同台湾、香港和澳门地区分别进行商讨，深入分析各方的自身优势和特点，以为旅游者、旅游产业服务和为大局服务为宗旨，制定旅游合作战略目标和战略对策，为共同赢得国际旅游市场，形成长期稳定的旅游合作战略框架。这在当前大陆入境旅游疲软的情况下，尤其具有深远的战略意义。

第六章

世界旅游业发展态势与中国旅游业的国际化发展

2014年，世界旅游经济继续保持增长势头，正在摆脱全球经济危机的阴影。中国出境旅游已成为世界旅游业发展的重要驱动力量，但入境旅游依然低迷，旅游服务贸易逆差问题日趋严重。时移世易，新形势下要进一步增强旅游业在国际化进程中的主动性，加强能力建设，推动旅游业在国家外交事务中发挥更大的作用。

一、全球旅游业发展形势和趋势

（一）2014年世界旅游业发展状况

1. 市场需求持续增长

虽然全球经济复苏乏力，但在大多数国家和地区内，国际旅游的增长都高于当地经济的增长水平。据世界旅游组织统计，2014年1～8月，全球旅游市场继续保持自2010年的增长态势，世界入境过夜游客总人数7.81亿人次，较2013年同期高出3600万人次，同比增长5%，超过年初增幅4%～4.5%的预期。预计2014年世界入境过夜游客人数增速或略超4.5%（图6－1）。

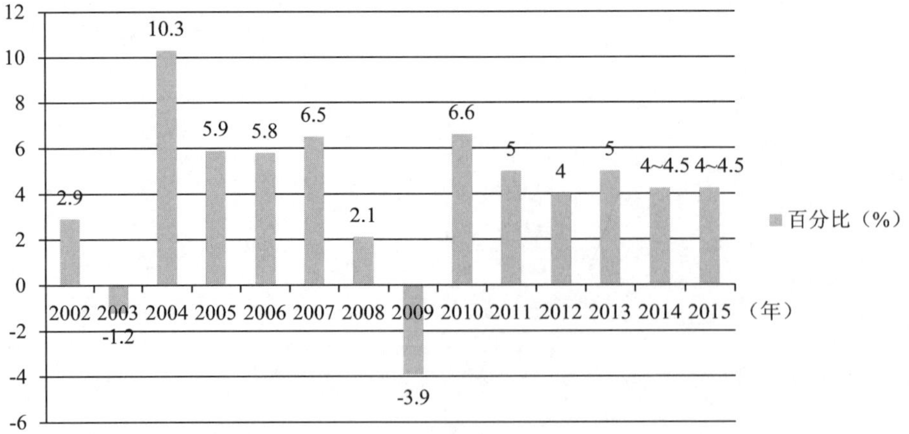

图6－1　近年世界入境过夜游客规模增长比较

资料来源：世界旅游组织晴雨表，2014年11月；2014年、2015年数据为预测值。

从1~8月情况来看，1~3月的海外游客增长率为4.1%，1~4月的海外游客增长率为5%，4~6月增长至5.9%；其中，4月的同比增幅最大，增幅达9.5%；5月缩减至4.1%（图6-2）。北半球在6、7、8月表现出了强劲增长的游客出行，旺季期间更加活跃，较2013年同期分别增长4.7%、4.6%，4.0%，7、8月国际旅游者绝对数量均达1.3亿人次。6、7、8月成为全球旅游旺季的主要原因是北半球出境旅游市场的夏季度假需求，即美国、欧洲、亚太和中东地区。总体来看，世界旅游呈现平稳增长趋势。

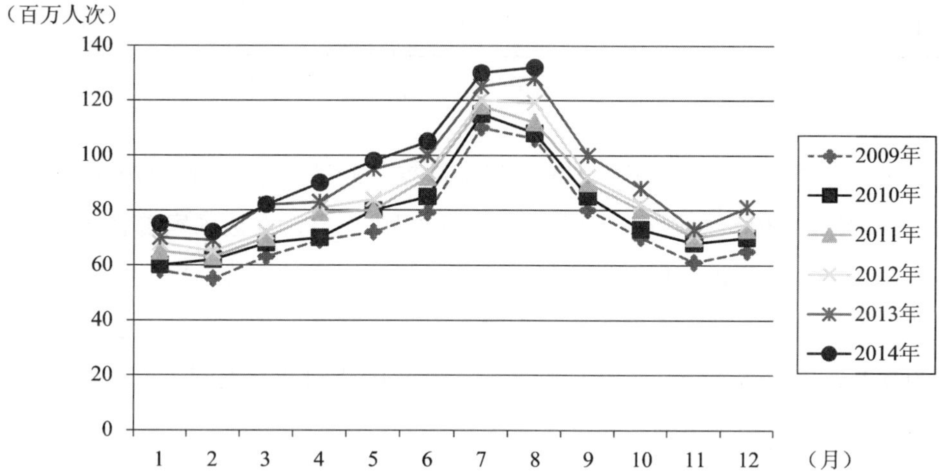

图6-2　2009年1月~2014年8月世界入境游客数量情况

资料来源：世界旅游组织晴雨表，2014年11月.

从具体区域来看，各大区域市场均有增长，2014年1~8月，美洲地区的增幅最高，比2014年同期增长7.9%，增幅超过年初3%~4%的预期；排在其次的是亚太地区，增幅达到了5.0%，欧洲增长4.2%。其中，北美和南亚旅游业增幅最为显著，北美增长最高，达到9%，南亚增幅达8%；旅游增长较快的南欧和地中海地区、北欧、东北亚和东南亚，增长均达7%。相比之下，非洲地区增长幅度低于4%~6%的预期，以3.1%的速度增长，和往年相比有所放缓；此外，中东地区增长率为3.0%。受国际政治局势不稳和埃博拉疫情影响，预计全球旅游市场增长幅度将有所放缓，下半年年增长率约为4%~4.5%（表6-1）。

表6-1 2014年世界各地区国际旅游接待量增长速度预测（单位：%）

地区	2013年	2013年预测	2014年1~8月	2014年预测
全　　球	4.7	3~4	4.8	4~4.5
欧　　洲	4.8	2~3	4.2	3~4
亚太地区	6.8	5~6	5.0	5~6
美　　洲	3.4	3~4	7.9	3~4
非　　洲	5.6	4~6	3.1	4~6
中东地区	-2.9	0~5	3.0	0~5

资料来源：世界旅游组织晴雨表，2013年11月、2014年11月。

从接待海外游客的人数来看，根据当前数据，赴新兴市场国家与发展中国家旅游的游客增幅由2013年的7%下滑为3.7%；相比而言，发达国家游客人数涨幅由4%上升至5.8%，发展中国家的增幅持续超过发达国家的态势发生了扭转。

从境外旅游消费额增长来看，在全球十大出境客源国中，中国游客的消费额增长最为强劲，以16%增速排在最前列，发达国家中法国和意大利出境旅游消费增长紧随其后，分别增长了10%和8%。

2. 企业发展释放积极信号

航空客运市场在2013年下半年实现强劲增长，2014年上半年增幅有所放缓。2014年下半年以来，由于人们对地缘政治局势的发展和美国联邦储备委员会货币政策影响的担忧开始消退，商业信心指数已经再次攀升。国际航空客运量增长加快，国际航空运输协会预计，2014年全球航空公司利润将达180亿美元，较2013年的106亿美元增加74亿美元。就主要航线的客运增长情况而言，长途航线市场一直保持强劲增长。北部和中部太平洋市场在2014年上半年增幅超过7%，北大西洋市场增幅超过了4%，欧洲至远东市场增幅超过了5%。两舱客运市场正在从2012年年底接近经济谷底的状态向上攀升。据国际航空运输协会发布的两舱数据报告显示，2014年1~6月，两舱客运量平均增幅略高于经济舱客运量的平均增幅，分别为3.9%和3.7%。特别是跨大西洋地区两舱客运收入占比达到50%，该市场商务旅行规模庞大，而休闲旅客们由于较长的飞行时间更愿意购买两舱座位。

2014 年酒店行业发展释放了积极的信号。STR Global 的研究数据显示，截至 2014 年 6 月，亚太地区每间可销售客房收益变化小幅增长 1.3%。在市场需求增长的带动下，每间可收房收入变化非常积极，从 2014 年开始又出现了上扬的趋势，其中入住率增长比较明显的是超高端酒店和中等及经济型酒店。亚太地区酒店入住率和平均房价总体都实现了增长，特别是日本，平均房价的增长表现非常抢眼，带动了整个东北亚的增长。但印度和中国在入住率增加的情况下每间可收房收入有所下降，而泰国的入住率下降幅度达到 17%。

3. 旅游业更受各国重视

旅游产业是当今世界第一大产业，是推动当前全球经济增长的最大动力。2013 年全球游客数量达 10.87 亿人次，消费超过 1 万亿美元，对全球 GDP 的贡献达 9%，超过了矿业以及汽车制造业。在很多国家，旅游已经成为最代表国力的部门之一。世界旅游业理事会的数据显示，2013 年，由航空、机场、酒店、邮轮线路以及大大小小的旅游科技企业组成的旅游和旅行行业为全球经济贡献达 9.5%；全球旅游和旅行行业累积贡献约 2.66 亿个工作岗位，占全球工作岗位的 1/11。在金融危机背景下，西方国家经济面临失业等诸多严峻问题，恢复还需要一段时间。在这样的大环境下，旅游对西方国家就业的重要性尤为明显。旅游业增长速度不仅超过整体经济，而且比其他重要领域，比如金融和商业服务、运输和制造业，发展得更加迅猛。

为应对金融危机，也为了保持旅游业的可持续发展，主要发达国家出台了一批以国家整体营销为导向，以新产品开发和品质监控为重点的中长期发展政策。从国际范围看，制定与实施中长期发展政策已经成为促进旅游业发展的主要工作手段，发达国家尤其如此。比如美国的《旅游促进法案》，欧盟的《新欧盟旅游政策框架》，英国的《2012 年决胜：旅游业战略和超越》，法国的《旅游服务业发展与现代化法律（草案）》，日本的《新成长战略——重建“活力日本”方案》，澳大利亚的《国家长期旅游业战略》，新西兰的《2015 年旅游业发展战略》，加拿大的《2009～2013 年旅游业发展战略》，韩国的《观光产业先进化战略》等，这些政策在关注国家整体促销的同时，更加注重政策的评估与可操作性。其政策目标更加重视国家整体促销。国家层面的旅游业促销成为相关政策的关键内容，国家的战略性深度参与成为旅游业有效拓展国际市场的坚强保障。2013 年以来，日本通过增开国际航线、增加国际航班数，放宽签证政策、实行免签政策等，入境旅游有了快速发展。日本政府观光局公布的数据显示，2014 年上半年访问日本的外国游客数为 626.4 万人次，同比增长 26.4%，刷新了自 1964 年有调查以来的最高纪录。

4. 中国市场已成为世界旅游业发展的驱动力量

从世界范围，加快发展旅游业已经成为很多国家和地区的战略决策，特别是在亚太地区。旅游业发展重心正逐渐东移。2013 年，亚太地区入境游客占世界的 23%，据世界旅游组织预测，这一比例将在 2030 年上升到 30%。高速增长是缘于该地区尤其是中国具有活力的中产阶级的出现。中国政府把旅游业放在国家政策的中心地位，建立新的法律框架大力支持其发展，产生了积极效果。中国市场已经成为世界旅游业发展的驱动力量，越来越多的国家都把中国宣布为重要旅游客源地和旅游目的地。中国目前是世界第四大入境旅游接待国和世界第一大出境旅游市场和出境旅游消费国，未来 5 年中国出境旅游人数的总和将超过 5 亿人次。全球看好中国旅游。

（二）2015 年世界旅游业发展展望

2015 年，全球经济增长乏力，复苏步伐存在巨大国别差异和不平衡性。旅游产业综合功能持续释放，全球旅游业趋好，但部分地区仍艰难。预计全球旅游业的增幅将略高于全球经济，增幅预期 4% ~4.5%。

1. 全球旅游业趋好但部分地区仍艰难

鉴于旅游经济的较好发展态势，结合世界经济的逐渐复苏，我们对 2015 年国际旅游市场持乐观态度，预计国际旅游市场规模进一步扩大，增幅有望高于 2014 年。然而，公共安全事件、局部的政治动荡和地区间的冲突仍会影响当地的旅游业，这种增长将仍然表现出区域不均衡性。西非受埃博拉疫情影响，埃及和泰国等地由于政治动荡、安全问题或严格管制因素，旅游行业发展仍较为艰难。对于埃博拉疫情可能对西非旅游业造成的影响，世界旅游组织指出，现在评估这次疫情对旅游业的影响还为时尚早，认为疫情不会对全球旅游业造成很大的影响，在受影响最严重的利比里亚、几内亚和塞拉利昂，其国际游客还占不到整个非洲国际游客总数的1%。世界卫生组织并不建议对疫区实行普遍的国际旅行和贸易禁令。目前，这两个组织已经开展联合探讨，以共同寻求防控办法。由于公共安全事件、地区冲突难免存在，这也增加了2015年全球经济和旅游业发展的变数。

2. 世界入境过夜游客市场持续扩大

世界旅游组织最新世界旅游趋势与展望报告认为，尽管面临众多挑战，预计2015年全球旅游仍将持续增长。在出境游方面，中国、美国、德国、俄罗斯为全球出境游客最多的四大国家。从区域旅游业发展来看，亚太地区旅游发展将保持强劲势头，预计旅游人数以每年4.9%的速度增长，到2030年有望达到5.35亿人次。产业方面，STR Global预计，2015年饭店业入住率有望增加1.1个百分点，达到65.1%；日均房价同比上涨5个百分点，达到121.37美元；每间可销售客房收益（RevPAR）增加6.2个百分点，达到79.06美元。

3. 移动技术变革旅行体验

受科技商业模式创新、消费行为转变等多重因素的影响，近年来旅游产业格局正在发生变化。基于互联网技术新业态的产业创新活跃，移动应用对旅行体验的影响持续增大，通过APP预订、手机登机牌、机场导航以及机上娱乐消费等，智能手机触及旅行过程的各个方面。颠覆性的移动端服务如Uber、Lyft等掀起了旅游服务领域的变革，移动应用的不断增长，花在手机上的时间中大约86%用于移动应用，对于旅游行业来说这是一个巨大的机遇。旅游公司必须尽一切努力开发出最好用的APP，并尽一切努力推广应用。

二、我国国际旅游发展状况与政策建议

（一）入境旅游已进入螺旋式下降通道，触底回升迹象尚不明显

近年以来，我国入境旅游接待和创汇持续保持世界第三或第四，但绝对规模增长

有限，2013年我国入境旅游总人数甚至出现负增长（-2.51%），过夜游客同比下降3.53%（表6-2）。入境旅游市场饱受包括雾霾等各种负面因素影响，下行压力持续扩大，但持续下降的趋势得到遏制。2013年我国入境旅游外汇收入实现增长3.27%，入境旅游综合效益得到提升，释放入境旅游初期市场健康平稳回升信号。

表6-2　2012~2013年中国入境过夜旅游者人数与国际旅游（外汇）收入比较

年份	国际过夜旅游者人数						国际旅游外汇收入					
	中国总量（万人次）	世界总量（万人次）	份额（%）	排名	中国增长率（%）	世界增长率（%）	中国总量（亿美元）	世界总量（亿美元）	份额（%）	排名	中国增长率（%）	世界增长率（%）
2012	5772.49	103500	5.58	3	0.3	4.0	500.28	10750	4.63	4	3.2	4.0
2013	5768.59	108700	5.12	4	-3.53	5.0	516.64	15799	3.27	4	3.27	4.0

资料来源：数据整理自中国旅游统计年鉴与世界旅游组织统计数据。

从结构上来看，港澳台是入境旅游的重要客源市场，主力地位稳固。从游客人数上看，2013年港澳台游客占到入境游客总量的80%，占到过夜游客的62%；从旅游花费上看，港澳台入境游客花费占入境旅游收入的40%。外国人市场在入境游客人数中只占20%但却创造了60%的旅游外汇收入，是我国入境旅游的重要开拓方向。主要客源国构成基本稳定，远程市场份额持续上升。2013年入境的亚洲客源同比下降3.37%，美洲客源同比下降1.77%，欧洲客源同比下降4.42%，大洋洲客源同比下降5.64%，非洲客源同比增长5.28%。

1. 我国入境旅游已经连续9个季度持续下降

自2012年二季度以来，我国入境旅游市场已经连续9个季度同比和环比下降。从我国入境旅游的年度数据来看，2012年为13240.53万人次，同比下降2.23%。2013年为12907.78万人次，同比下降2.51%。截至2014年6月的最新市场数据显示，2014年上半年我国接待入境游客6231.38万人次，同比下降2.8%。这一反常现象必须引起重视，因为连续9个季度的同比和环比下降，事实上表明我国入境旅游已进入螺旋式下降的通道，而且迄今为止触底回升迹象尚不明显。

2. 我国入境旅游接待量和入境旅游竞争力国际排名双双下降

我国入境过夜游客接待量的全球排名已从第 3 位降至第 4 位。根据世界旅游组织公布的数据，2013 年，在入境过夜游客接待量的全球排名中，法国以 8300 万人次保持第 1 位，美国以 7000 万人次保持第 2 位，西班牙以 6100 万人次排名第 3 位（上升 1 位），中国以 5600 万人次位列第 4 位（下降 1 位）。

我国入境旅游的国际竞争力也已相对下降。根据世界经济论坛（World Economic Forum）发布的《2013 年旅游业竞争力报告》，在 140 个参评国家和地区中，中国旅游业竞争力国际排名从 2011 年的第 39 位下滑至 2013 年的第 45 位。

3. 我国入境旅游市场的连续下滑与全球入境旅游需求的持续复苏形成对比

在全球范围内，2013 年，尽管世界经济和地缘政治的挑战依然存在，但旅游业在适应市场变化方面的能力极其显著。联合国世界旅游组织公布的数据显示，2013 年全球入境旅游 10.87 亿人次，同比增长 5%。在联合国世界旅游组织定点观测的 145 个样本国家中，入境旅游规模上升的国家有 115 个（占 79%），入境旅游规模下降的国家有 30 个（占 21%）。

就亚太地区来看，周边旅游目的地的表现十分突出。2013 年，泰国接待入境过夜游客数量同比增长 19%，并成功进入全球前十名。2013 年，日本接待入境过夜游客首次超过 1000 万人次，同比增长 24%，其全球排名上升 6 位至第 27 名。2013 年韩国和新加坡的入境过夜游客接待量排名各自上升 1 位至全球第 22 名和第 23 名。2013 年，中国香港接待入境过夜游客 2600 万人次，位列全球第 12 名，实现旅游外汇收入 390 亿美元，继续保持全球第 10 名的位序。2013 年，中国澳门接待入境过夜游客的全球排名上升 1 位至第 19 名，实现旅游外汇收入 520 亿美元，全球排名上升 1 位至第 5 名。

2014 年 1 ~ 9 月，我国入境旅游市场中外国人的下降比例高达 5%。具体到主要客源国日本、澳大利亚、菲律宾等国的入境游客人数下降明显。其中日本下降 6.90%，马来西亚下降 6.1%，菲律宾下降 3.90%，澳大利亚的下降幅度更大，达到 10.20%。而上升幅度较大的国家主要有：越南（+19.20%），蒙古（+6.1%），韩国（+3.0%），印度（+2.60%）（图 6 - 3）。接近七成的入境客源市场集中在前十大客源国，在政治经济局势难以改变的情况下，旅游部门应加强在主要客源国有针对性的市场营销，并尝试寻找替代性的市场。

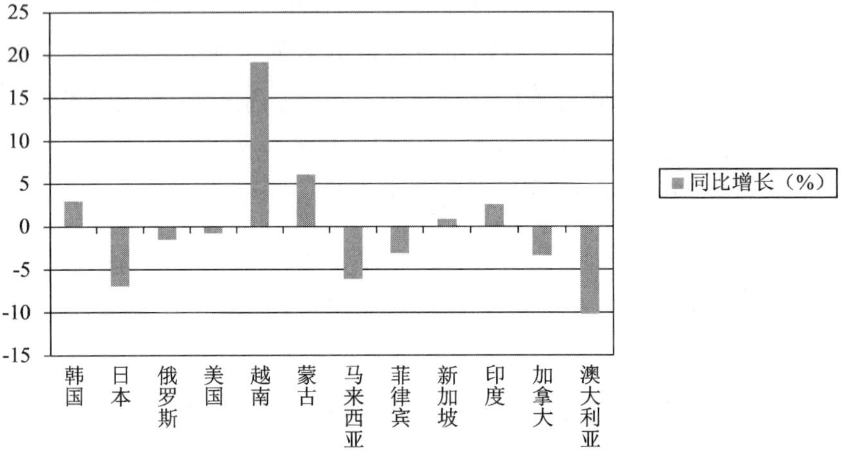

图 6－3　2014 年 1～9 月中国主要客源地入境旅游者同比变化情况

资料来源：国家旅游局。

4. 入境旅游的传统恐难以适应国际旅游的新格局

入境旅游的市场下降不能完全归因于外部因素。从外部总体发展环境来看，世界经济整体增速趋缓，稳中有增的基本面并未发生根本性改变。来自国际货币基金组织（IMF）的数据显示，按照购买力平价法 GDP 汇总，2013 年全球经济增长 3.0%。来自世界银行（WBG）的数据显示，按照汇率法 GDP 汇总，2013 年全球经济增长 2.4%。从经济影响因素来看，入境旅游市场的下降与人民币汇率的升值并不同步。从汇率的因素看，人民币对美元的汇率自 2005 年以后就持续升值。但 2011 年的入境旅游仍然达到了迄今为止的最高纪录 1.35 亿人次，自 2012 年起入境旅游市场才开始下降。显然，入境旅游市场的下降与汇率的升值并不同步。

从环境影响因素来看，近年来出现的雾霾天气也晚于入境旅游市场的下降。2013 年"雾霾"成为年度热词之一。在最严重的 2013 年 1 月有 4 次重度雾霾过程笼罩了中国大陆 30 个省（区、市）。北京在 2013 年出现的雾霾天数超过了以往 50 年来的任何一年。"雾霾"作为全球关注的气候问题，引发了国外媒体的强烈关注，一时间中国成为众矢之的。然而，雾霾天气在我国（特别是中东部）的大范围蔓延是在入境旅游市场下降之后才出现的现象，如果一味将此类后置现象归为导致入境旅游市场下降的前置原因，恐难令人信服。

国际旅游发展的“新格局”已然形成。入境旅游市场的螺旋式下降，在相当大的程度上可以归因于入境旅游发展的“旧传统”已无法适应当前国际旅游发展的“新格局”。那么，国际旅游发展的“新格局”是什么呢？就是旅游目的地之间的竞争正在从传统的旅游资源、旅游产品、旅游形象和旅游组织体系之间的狭义竞争，逐步转向广义的社会环境、国家形象、客源流动多元化组织方式等的全面竞争。

世界上主要的旅游目的地国家都是通过综合性的政策设计来谋求入境旅游新一轮的发展。正是由于认识到了当前国际旅游发展的新格局和入境旅游竞争的新形势，近年来，包括西欧、北美、日本等发达国家和地区在内，世界主要旅游目的地国家（地区）均致力于综合性的政策设计和接待环境改进，以推动入境旅游的新发展。为将美国建设成为世界上最具吸引力的旅游目的地，奥巴马总统于2012年宣布推进签证审核便利化等一揽子举措。近年来，“品牌美国（Brand USA）”的全球推广活动更是取得了十分显著的成效。日本则早在2003年就确立并开始实施“观光立国”战略，并将其作为国家战略体系的重要组成部分。2009年日本专门成立了由所有中央部门副大臣组成的“观光立国推进总部”，由国土交通大臣担任部长，以扩大入境旅游发展的政府职能覆盖范围。法国、英国、西班牙、意大利、俄罗斯、澳大利亚、东盟、韩国等主要经济体和旅游目的地，也都把入境旅游放在更加重要的位置，并致力于入境旅游中长期发展的综合政策设计。

我国入境旅游的“旧传统”需要变革。入境旅游的发展思路仍然停留在旅游交易会、专题推广活动和投放传统媒体广告等旧式的市场宣传推广模式。然而，由于旅游形象宣传缺乏鲜明的国家形象和便利的入境条件、完善的散客接待体系作为支撑，最终却难以转化为现实的旅游吸引力和产业竞争力。

缺乏综合性的政策设计和系统性的战略谋划是入境旅游发展的桎梏。在各个目的地国家之间的竞争日益加剧的今天，仅仅依靠旅游行政主管部门一家的业务工作，只是从开辟新航线、增加包机数量、奖励地接旅行社、宣传推广旅游线路、对外开展新式媒体营销等方面着手，而缺乏综合性的政策设计和系统性的战略谋划，恐难以从根本上解决入境旅游当前遭遇的巨大发展瓶颈。

（二）中国出境市场规模与消费能力扩大，有效提升中国旅游全球影响力

2013 年，中国出境旅游规模达 9819 万人次，同比增长 18.0%；出境旅游消费 1287 亿美元，同比提升 26.8%。中国世界第一大出境旅游客源市场与第一大出境旅游消费国的地位进一步巩固。据世界旅游组织数据显示，2013 年中国和俄罗斯游客的消费额增长最为强劲，分别以 26% 和 25% 的增速排在最前列，巴西以 13% 增速排在第三位（图 6 – 4）。市场规模与消费能力的扩大，出境旅游有效提升了中国旅游在世界的影响力。在市场规模不断扩大的过程中出境旅游的市场需求和现实消费迅速平民化与多元化。出境客源地正在从一线城市与沿海地区向二、三线城市群和中西部地区转移。约 70% 的游客选择自助出行。2013 年，中国公民出境游体现出明显趋势：在目的地选择方面，以港澳和泰国、韩国为代表的亚洲旅游目的地因时间短、成本低、重游率高等优势，占据了 80% 以上的出境旅游市场份额。在境外消费中，游客对餐饮消费意愿越来越强烈，70% 的游客愿意在境外享用特色美食，其次是购物需求占 57%。而在旅游支付服务方面，银联卡成为越来越多出境游客的随身必备。中国游客出境已经越来越习惯少带现金、多刷卡。不仅便利、安全，还能享受到免占交易金额 1% ~2% 的货币转换费和各类增值服务。

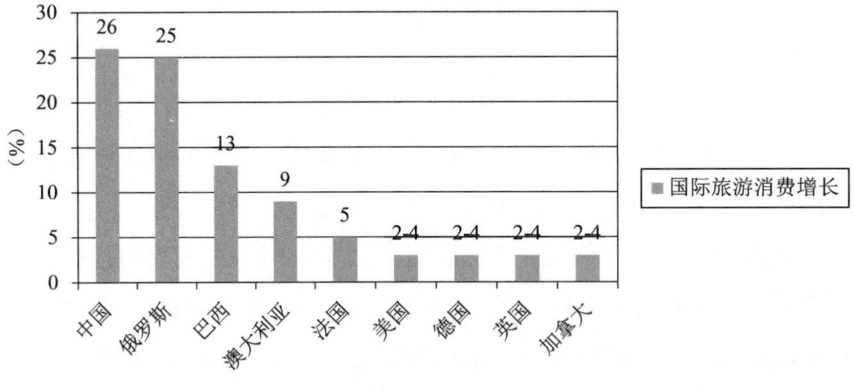

图 6 – 4　2013 年主要国家出境旅游消费增长情况

资料来源：世界旅游组织晴雨表，2014 年 4 月.

人民币升值、签证放宽，特别是有序发展的政策，为出境旅游发展营造了相对宽松的环境。预计2014年出境旅游规模1.14亿人次，同比增长16%。

三、我国国际旅游合作发展状况与政策建议

（一）我国国际旅游合作发展状况

1. 互办“旅游年”成为深化国际旅游合作的助推器

旅游业日益成为对外关系的重要战略性产业。近年来，旅游以及双边国家旅游年在提升两国双边合作和民间交流方面正发挥着越来越大的作用。中俄“旅游年”的成功举办极大地增进了两国人民的相互了解和信任，巩固了两国关系的社会基础。互办旅游年的旅游合作模式已成为双边国家务实合作的一个新亮点，为促进两国各自发展发挥了积极作用。2014年7月3日，中国国家主席习近平出访韩国，中韩双方发表《中华人民共和国和大韩民国联合声明》，2015年和2016年分别确定为“中国旅游年”和“韩国旅游年”，这是互为第一大入境客源国的中韩两国间首次互办旅游年。通过采取公务护照互免签证、普通护照短期旅行免签等便利化措施，实现2016年两国人员往来1000万人次的目标。“中韩旅游年”将使两国国民在互往的文化旅游交流中进一步互识。对于推动两国旅游发展将起到举足轻重的作用。2014年9月17日，习近平主席出访印度，中印双方发表了《中华人民共和国和印度共和国关于构建更加紧密的发展伙伴关系的联合声明》，两国领导人决定，2015年在中国举办“印度旅游年”，2016年在印度举办“中国旅游年”。其间，双方将开展一系列推广活动，促进双向游客往来，加强民间纽带。中方同意协助印方在华宣传与7世纪中国僧人玄奘相关的印度旅游产品和线路。双边国家互办“旅游年”模式成为国际旅游合作稳步发展助推器。

2. 丝绸之路旅游线在“一带一路”战略中的重要性正日益显现

2013年9月7日，习近平主席出访中亚四国，在哈萨克斯坦纳扎尔巴耶夫大学作重要演讲，首次提出共同建设“丝绸之路经济带”。横跨亚欧大陆、绵延7000多

公里，丝绸之路旅游线在途经多个国家的跨国经济带中，国际旅游不仅应当，而且也能够在丝绸之路经济带建设中发挥关键作用。习近平主席提出的“一带一路”既是新一轮对外开放的战略部署，也是当代国际合作的伟大构想。“丝绸之路经济带”战略构想重点区域涵盖欧亚非 53 个国家，联动 30 亿人口，是世界上最有发展潜力的经济大走廊。为丝绸之路沿线国家的旅游业发展带来了新机遇，在“丝绸之路经济带”大框架下共建“丝绸之路旅游带”。中国国家旅游局已将 2015 年的主题年正式确定为“美丽中国—丝绸之路旅游年”，推动“一路一带”战略。

2014 年 6 月 2 日，“美丽中国行——精彩新丝路”，国家旅游局北美宣传推广系列活动在美国洛杉矶、纽约，加拿大多伦多先后拉开帷幕。2014 年 6 月 15 日，第四届敦煌行·丝绸之路国际旅游节在甘肃省张掖市开幕，19 个丝绸之路沿线城市代表共同发表了《丝绸之路城市旅游合作宣言》，合作发展丝绸之路旅游，建设丝绸之路旅游共同体。2014 年 6 月 25 日，由新疆维吾尔自治区人民政府主办的中国国际“丝绸之路”旅游发展会议在乌鲁木齐举办，亚欧 14 国联合发表了《“丝绸之路”旅游乌鲁木齐宣言》。2014 年 10 月 27 日，由澳门特别行政区政府主办的第三届“世界旅游经济论坛·澳门 2014 ”，以“海上丝绸之路——由澳门出发”为题，吸引了海上丝绸之路相关国家及地区参与，且首次有中东国家及地区包括阿联酋迪拜等参与。2014 年 11 月 14 日，中国国家旅游局、上海市人民政府与中国民用航空局共同主办 2014 中国国际旅游交易会突出丝绸之路，“美丽中国之夜”旅游推介会以“游丝绸之路·品美丽中国”为主题，突出丝绸之路旅游元素，指导和组织陕西、甘肃、福建、广东等陆上丝绸之路省份和海上丝绸之路省份，加强联合，突出丝绸之路旅游品牌宣传和产品推介。

3. 形式多样的国际合作模式巩固并拓展了多双边旅游交流

中国旅游业通过加强高层交流、巩固并拓展双边与多边交往、推进 ADS 等各类旅游合作协议签署等，积极开展国际交流与合作，努力树立中国良好的国际旅游形象，提升中国旅游业的国际影响力。

2014 年 2 月 12 日下午，中国国务院总理李克强和匈牙利总理欧尔班出席《中华人民共和国国家旅游局与匈牙利国家经济部关于共同推动建立中国—中东欧国家旅游促进机构和旅游企业联合会的谅解备忘录》签字仪式，国家旅游局局长邵琪伟与匈牙利国家经济部主管旅游事务副国务秘书霍尔瓦特·维克多利亚作为双方代表签署了备忘录。该备忘录的签署将推动建立中国—中东欧国家旅游促进机构和旅游企业联合会，进一步促进中国和中东欧国家的旅游促进机构、国家旅游主管部门和旅游企业间的合作。

2014 年 4 月 24 日，习近平主席和丹麦女王玛格丽特二世共同见证，中国国家旅游局副局长王志发与丹麦驻华大使裴德盛先生共同签署了《中华人民共和国国家旅游局和丹麦王国商业与经济增长部关于旅游合作谅解备忘录》。中丹旅游合作谅解备忘录的签署将为两国实现互惠互利务实开展旅游领域的长期合作创造有利条件。

2014 年 5 月 22 日，中国国家旅游局在匈牙利首都布达佩斯，与匈牙利总理府国务秘书兼中匈事物政府专员彼得·西雅尔多及阿尔巴尼亚、波兰、克罗地亚等 12 国旅游部门负责人共同签署了《中国—中东欧旅游促进机构与旅游企业联合会行动计划》。该行动计划的签署，是落实双方国家领导人 2013 年 11 月在罗马尼亚会晤期间签署的《布加勒斯特纲要》、推进双方旅游合作与交流的重要步骤。双方将为未来五年内中国到访中东欧游客年均增长 15% 做出努力，也将鼓励更多中东欧游客到访中国，双方商定将建立定期磋商和会晤机制，并将在联合市场营销推广、相互支持参加在对方国家举行的旅游交易会活动、相互邀请旅行商和媒体采风、旅游产品和线路开发等方面开展合作，以进一步扩大双向人员往来，促进双方旅游业的共同发展和繁荣。

2014 年 5 月 28 日，在保加利亚首都索菲亚，中国国家旅游局局长邵琪伟在与保加利亚经济与能源部部长斯托伊科夫共同签署了《中国国家旅游局与保加利亚经济能源部旅游合作谅解备忘录》，双方将加强在信息互换、市场推广、旅游人才培训等方面的合作，并将鼓励双方游客互访。

2014 年 7 月 1 日，首届中国—俄罗斯博览会中俄旅游合作会议在哈尔滨开幕。2014 年 8 月 14 日，中俄人文合作委员会旅游分委会第十一次会议在山东省泰安市举行，双方共同签署了《中俄人文合作委员会旅游分委会第十一次会议纪要》，并见证中国旅行社协会和俄罗斯“世界无国界”旅游协会签署《中俄旅行者紧急救援保险合作框架协议》。

2014 年 9 月 3 日，中国国家旅游局与塞内加尔旅游与航空运输部签署《中华人民共和国国家旅游局和塞内加尔共和国旅游和航空运输部关于中国旅游团队赴塞内加尔共和国旅游实施方案的谅解备忘录》。中塞两国谅解备忘录的签署，标志着双方的旅游合作翻开了崭新篇章。塞内加尔是第151个中国公民组团出境旅游目的地，中国旅游团队赴塞内加尔旅游业务将在完成相关手续后正式启动。

2014年11月13日，中国国家主席习近平和墨西哥合众国总统培尼亚出席《〈中华人民共和国国家旅游局和墨西哥合众国旅游部旅游合作协定〉框架下2015～2016年具体合作项目书》签字仪式，国家旅游局局长李金早和墨西哥合众国旅游部部长马谢乌作为双方代表签署了项目书。根据该项目书，中墨双方将在旅游规划、旅游宣传推广、旅游人才培养等方面进一步深化合作。2015年，墨西哥还将在华举办墨西哥旅游年系列活动。

4. APEC旅游部长会议的成功主办或成为我国深度影响世界旅游业发展的重要标志

2014年1月18日，中国国家旅游局副局长王志发率团赴马来西亚古晋出席第13届东盟与中日韩旅游部长会议。会议就区域互联互通、联合线路开发、气候变化与灾害应对、人才培训、《东盟与中日韩2013～2017旅游合作工作计划》、商签《东盟10+3旅游合作备忘录》等议题交换了意见，并通过了联合媒体声明。东盟10+3旅游部长会议机制在促进区域经济发展、推动人文交往、共同应对危机、维护地区和平与稳定、增进互信合作方面发挥了重要作用。

2014年4月25日，由世界旅游业理事会、中国国家旅游局和海南省政府共同主办的2014世界旅游旅行大会以“变化的世界，全新的视角”为主题在三亚市成功举办。与会者围绕“旅游及旅行：不确定世界中一种善的力量”“世界经济、政治及人口变化对旅游业的影响”“中国旅游：机遇与挑战并存”等议题进行了深入交流。世界旅游旅行大会在三亚举办，对海南旅游业发展具有重要促进作用。

2014年9月4日，以“市场与合作”为主题的2014年世界旅游城市北京香山旅游峰会暨第三届理事会在北京召开。

2014年9月13日，以“开创亚太旅游合作与发展新未来”为主题的第八届亚太经合组织（APEC）旅游部长会议在澳门成功举办。亚太经合组织21个经济体旅游部长及代表重点讨论了“推动亚太区域旅游市场一体化”，“促进旅游与其他产业融合发展，推动旅游产业转型和增长”，“利用现代科技，促进智慧旅游”，“加强

APEC 旅游合作，促进亚太地区旅游的互联互通”，“推进亚太地区旅游业的低碳发展合作”等 5 个议题。2014 年 10 月 14 日，由联合国世界旅游组织、亚太旅游协会主办的“第八届旅游趋势与展望国际论坛”在广西桂林举办。2014 年 10 月 28 日，由中国国家旅游局和美国旅游推广局、美国旅游行业协会共同主办的“第八届中美省州（31 +50）旅游局长合作发展对话会议”在福建厦门举行，争取早日实现中美双向旅游交流突破 500 万人次的目标。

2014 年 11 月 15 日，国家旅游局局长李金早出席“2014 中国（郑州）世界旅游城市市长论坛”。国家旅游局与河南省人民政府从 2008 年起，每两年联合主办一次世界旅游城市市长论坛，迄今已连续举办 3 届。本届论坛，联合国世界旅游组织首次成为主办单位，进一步提升了论坛的国际知名度和影响力。

5. 旅游企业“走出去”步伐加快成为我国深化旅游业国际合作的坚强支撑

中国的旅游企业已经进入亚、欧、拉美和非洲国家和地区，寻求全球化的资源配置和合作发展机遇。2014 年，我国旅游企业出现了多起成功海外并购案例。如 2014 年 1 月 7 日，帕劳之星泛太（集团）责任有限公司与河南中州国际集团签约，双方将共建帕劳中州国际海上度假酒店，这是河南首家开在海外的酒店。1 月 22 日，绿地集团与洲际酒店集团签署协议，将合作打造美国洛杉矶市中心高端商务酒店——绿地英迪格酒店。同时，绿地旗下奢华酒店品牌“铂瑞”（Primus）将登陆悉尼市中心。1 月 25 日，中国私人投资机构富华国际集团（FuWah International Group）斥资 1. 35 亿美元买下墨尔本酒店。2 月 8 日，海航集团购入西班牙 NH 酒店 5. 5% 股份。2 月 19 日，重庆民企康德集团 6600 万美元收购西班牙巴塞罗集团圣地亚哥酒店。3 月 19 日，格林豪泰酒店管理集团海外的第一家酒店在孟加拉国首都达卡开业。6 月 19 日，万达集团宣布投资近 7 亿英镑在伦敦核心区建设超五星级的万达酒店。7 月 2 日，富华集团 1. 3 亿澳元收购墨尔本柏悦酒店。7 月 8 日，万达集团宣布投资 9 亿美元在芝加哥建五星级酒店。8 月 6 日，港中旅酒店有限公司与西非几内亚共和国卡鲁姆酒店公司举行酒店委托管理签约仪式，建设几内亚第一家五星级标准酒店。这也是港中旅第一次在国外输出酒店管理。8 月 8 日，住友酒店集团旗下的首家海外门店——布丁酒店好莱坞环球影城店正式开门迎客，成为第一家进入西方酒店市场的中国经济连锁酒店品牌。8 月 14 日，香港激成投资 2. 73 亿美元收购纽约索菲特酒店。10月6日，安邦保险19.5亿美元收购了美国纽约公园大道上的华尔道夫酒店大楼。10月15日，铂涛酒店集团与法国巴黎酒店集团共同创立一个高端精品酒店——安珀酒店。11月12日，锦江国际集团收购喜达屋资本旗下的卢浮酒店集团。11月21日，阳光保险4.6亿澳元收购悉尼喜来登公园酒店。

（二）促进中国旅游国际化发展的政策建议

1. 加快推动丝绸之路旅游线务实国际合作

参照上海合作组织、中国—东盟中心的合作模式，探索构筑以我国为主的丝绸之路国际旅游合作机制。构建旅游部长级和业界领袖间常态化对话机制，在打造品牌、话题设置、标准对接等方面发挥主导性作用。改变以往在国际旅游合作中往往充当“演员”而不是“导演”的角色。近期要以次区域合作为重点，推动相关合作机制的落地。如探索在上合组织的框架下增设旅游部长会晤机制，构建中国—中东欧国家旅游促进联盟，在中阿博览会的构架下举办中阿旅游合作论坛等。同时通过编制跨区域的国际旅游合作中长期规划，勾勒出以中国为主导的丝绸之路旅游线合作时间表与路线图。

2. 抢占APEC旅游国际合作的制高点

APEC是亚太地区最高级别、参与范围最广的会议机制，旅游合作一直是这一机制的重要组成部分。亚太地区是我国最为重要的客源地与目的地，我国应通过积极参与其创新和改革以共建面向亚太未来的旅游业伙伴关系。

秉承互谅互让，平等相待的精神，坚持非机制化原则。积极参与其旅游合作性质、方向、目标、议程和方式等问题的讨论，施加影响。争取第一时间介入亚太自贸区（FTAAP）进程，寻求影响或参与到TPP中的可能性。升级区域内中国—东盟、中国—南太、中美、中俄、中澳、中日韩等一系列多双边旅游合作机制，积极推动“海上丝绸之路”相关经济体在旅游签证政策、购物免退税、人民币离岸金融政策等方面的政策创新，形成APEC、海上丝绸之路经济带、亚太自贸区和次区域旅游业合作的战略协同，构建其单边行动计划与相关多双边旅游合作机制互为借鉴，互相补充的新格局。依据我国旅游业发展的战略目标，寻求构建其旅游议题筛选和扩散常态化机制的可能性。力图在议题设置、成果设计、协调流程以及具体实施方案等方面下先手棋，为我所用。先期制定我国旅游业参与其战略和工作规划。在既有政策框架内，简化 APEC 商务卡手续，降低申领难度，挖掘其潜力。在已开放 5 个省市的基础上，积极推动扩大合资、合作、外资企业人员以及在国外经商、从业的持中国护照人员申请 APEC 商务卡的试点省市范围。

3. 完善 "旅游年" 机制，打开旅游外交新局面

两国间互办旅游年对旅游发展是一个难得的契机，堪称国家级"促销"，对于两国的旅游形象、国家形象的对外传播都非常有利。2015 年中韩两国互办旅游年，将吸引两国旅游、文化、航空、交通、航洋、外交、边境管理等多部门间的交流与合作，从而有利于改善彼此国家的接待环境。双方除了签证政策进一步放宽外，还互增中韩文字标识、中韩语导游等相应服务，惠及两国更多民众。

要以中韩旅游年为契机，进一步提高中韩旅游交流品质。面对日益扩大的韩国旅华市场，提出针对以韩国市场为中心的旅游基础建设措施，通过不断的自我完善，提高韩国入境游客满意度，刺激韩国游客赴华旅游的决心。针对韩国赴华游客目前大多集中在北京首都圈地区和东中部地区等现状，加大对西部中小城市魅力旅游资源进行挖掘、开发，并大力宣传地方旅游资源和开发自由行线路，以提升韩国赴华旅游产品的多样化，开拓地方优秀旅游资源。

4. 以全球视野和开放格局谋划入境旅游新发展

为应对世界旅游发展的新格局，特别是破解入境旅游市场振兴乏力的困局，需要以全球视野把握国际旅游的发展趋势和阶段特征，以更加开放的格局谋划入境旅游未来的新发展，从"以我为主"的传统工作方式转向"以客为主"的战略谋划。

在国家旅游形象和市场推广方面，市场化和专业化是改革方向。以客为主的必要前提，就是必须充分研究市场，需要加大对主要、新兴和潜在客源市场的系统研究。加强在世界旅游市场和主要客源地的产出模型、客源流向与流量、消费模式、满意度及其变化趋势等事关入境旅游战略决策的成果储备和应用能力。无论是入境旅游中长期发展战略还是年度工作计划，都必须建立在对全球旅游业发展格局和主要客源市场的深入研究的基础之上。借鉴美国的"品牌美国（Brand USA）"、法国

的“法兰西之家”、日本的“入境旅游振兴会”、韩国的“观光公社”等政府支持、专业化运作和第三方评估的国家旅游宣传促销机构，明确国家、地方和企业层面分别要做的任务分工和工作方式。

在国家层面，“美丽中国（Beautiful China）”主要负责国家旅游形象的确立、培育和维护、品牌的增值、宏观的政策协调、对地方和企业的指导，并代表国家在世界范围内开展专项的旅游推广活动。在地方层面，需要尽快启动地方旅游的国际知名度动态监测和品牌价值评估项目，着手构建国家、地方和企业不同层面的入境旅游推广绩效综合考评机制。考核的重点是市场推广的效果，让市场去评价，让数据来说话。

在目的地建设方面，需要重视旅游推广与目的地建设之间的协同性。打通旅游推广和旅游目的地建设之间的传统壁垒。在市场研究和宣传推广的基础上，由权威部门和专业人士指导国家、地方（城市、乡村）旅游目的地和主要景区景点基础设施建设和服务软环境的综合提升，以打通旅游推广和旅游目的地建设之间的壁垒，切实把国际游客的真实需求有效地传递到国内目的地建设和管理中去。推广工作的重点转向“现代的中国”“品质的中国”和更加具体的城市形象。随着国际旅游市场的变化和消费的升级，我们不能仍然宣传“自然的中国”“传统的中国”，还要更多地传递“现代的中国”和“品质的中国”。当前国际市场对中国旅游形象认知的依托点往往是总体的国家形象和具体的城市，而不是省级行政区域，也不是具体的景区景点，在推广和建设上必须把传统的思路扭转过来。

以游客满意为导向，持续完善公共服务和商业接待体系是目的地未来的工作重点。优秀的旅游目的地，特别是当进入城市旅游发展阶段以后，仅仅依靠一两个旅游景区或者旅游吸引物是远远不够的。必须以游客满意为导向，着力培育游客和市民共享的现代化的生活环境，让不同国家和地区的游客来到中国能够切实感受到“旅行有尊严，消费有品质，生活有温暖”。

旅游目的地建设还需要高度重视极端天气、雾霾污染、食品安全、恐怖袭击事件等非传统安全要素的现实影响，并做好相应的应对预案。今天，越来越多的入境游客以散客、自助、自主的方式出行，表明我国的旅游环境已经和世界各国各地区一样，发展成为一个更加开放的体系。在这个开放的体系中，所有老百姓关注的生活要素也就是国际游客关注的焦点。我们只能用开放的环境去适应开放的市场，下大力气把目的地的整体环境建设好，才能赢得国际旅游市场的真正认可与认同。

在政策综合配套方面，需要做好开放导向的综合性政策设计。包括免签、落地签、一签多行在内的签证便利化政策要尽快解决。特别是签证难、签证贵的问题如果得不到有效解决，发达国家的游客就会觉得“中国是一个不容易进入的国家，并不欢迎我们去”，最终会转向那些签证门槛更低的国家和地区去旅游和度假。第五航权甚至更高层级的航权开放政策有待突破。航权开放的问题之所以重要，是因为远程客源市场往往是把中国作为亚洲旅游行程的一站——哪怕是最重要的一站。只有尽快推进第五航权的开放，未来串联起多个目的地国家的“一程多站”式国际旅游产品才有可能成为现实。

市内免税店和离境退税制度的设计与落实应得到积极有效的推进。中央政府特别是旅游、财政、税收、海关和商务等部门要尽快启动与入境旅游购物相配套的结构性免税和境外游客离境退税的政策设计工作，并积极谋求在不远的将来使我国的免税退税体系逐步接近和达到旅游强国应有的水平。

第七章

从游客满意度调查看人民群众的新诉求

2014 年以来全国游客满意度稳中有升。"食、住、行、游、购、娱"等旅游服务的质量以及旅行社、景区等两大行业的满意度均处于有调查记录以来最高值，达到"基本满意"水平。上升的主要动力可以归纳为"一法两服务"，即《旅游法》正式实施一年来旅行社、景区等旅游行业针对广大游客反映强烈的热点、难点问题进行了有针对性的整改，城市面向游客的公共服务体系不断完善、商业服务水平持续提升。

一、全国游客满意度的总体情况

2014 年前三季度全国游客满意度指数分别为 72.62、72.84 和 74.52。从趋势上看，尽管相对于 2013 年同期水平有所下降，但 2014 年以来呈现稳中有升的势头（图 7-1）。从满意度水平上看，2014 年全国游客满意度一直处于"一般"水平，也就是说，尽管指数有所上升，但满意度水平一直没有达到"基本满意"。

随着旅游市场秩序专项整治工作成效显现以及样本城市的持续努力，景点、旅行社等典型旅游行业的满意度开始回升，进一步拉动国内、入境游客满意度显著回升；但与此同时，行业发展质量的"老问题"依然没有得到有效解决，安全、社会等因素呈现叠加影响的态势，特别是空气质量等环境因素满意度较低。值得关注的是，游客对出入境市场的旅行社和购物、网络旅游的满意度较低，特别是对旅游投诉的满意度连续下降。当前游客满意度越发明显地反映了旅游发展的时代特征：旅游是人们在异地的短期生活方式，目的地商业接待体系、公共服务体系和整体环境的重要性远高于传统的景观资源。

因此，在提升传统的观光品质、大项目建设和积极推动智慧旅游之外，政府应更加重视游客面向日常生活的商业服务、公共服务和目的地环境因素等方面的诉求。加快完善游客满意度调查的统筹协调体系，把游客满意度纳入到文明旅游专项工作，并进一步扩大在涉外事务中的影响力。在巩固执法和目的地服务效果的基础上，针对旅游新需求、新业态和新问题，重点强化新时期游客满意度提升的工作力度。

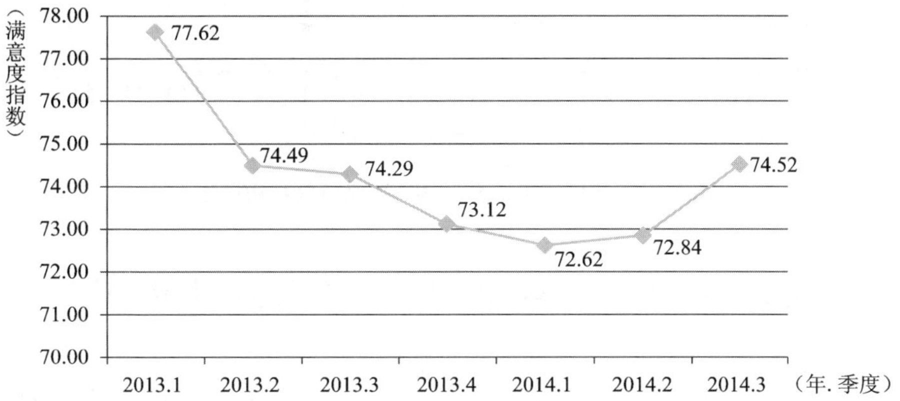

图 7-1 2013~2014 年全国游客满意度指数

二、全国游客满意度结构指数

（一）现场问卷满意度上升，旅游质监满意度下降

从满意度指数的三项构成来看，2014 年前三季度游客现场问卷满意度呈上升趋势，网络评论和旅游质监满意度呈下降趋势（图 7-2）。2014 年前三季度，问卷调查、网络评论和旅游质监的平均指数分别为：70.95、84.50 和 68.16，分别处于“一般”水平、“满意”水平和“及格”水平。2013 年各指标的平均水平分别为 73.13 、84.47 和 68.03。相比之下，2014 年问卷调查的满意度指数平均水平有所下降，网络评论和旅游质监指数的平均水平有所提升。

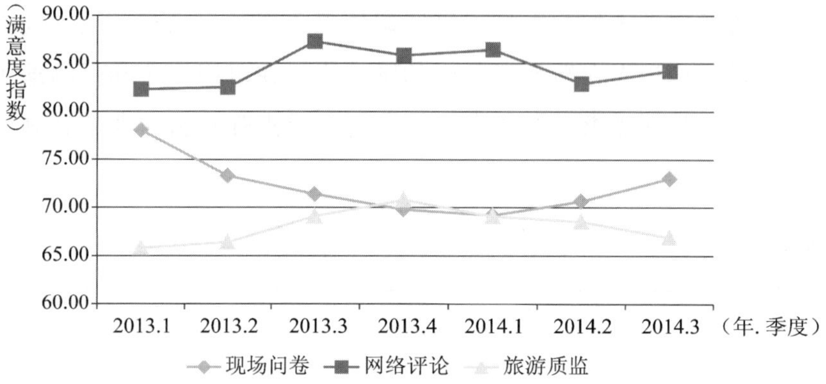

图 7－2　2013～2014 年全国游客满意度结构指数

（二）国内游客满意度总体趋好，团队游客满意度上升幅度最大

2014 年前三季度国内游客满意度总体趋好。其中，团队游客满意度上升幅度最大，国内散客满意度也呈上升趋势（图 7－3）。值得指出的是，团队游客满意度提升明显，显示《旅游法》颁布实施之后，经过行业治理，旅行社服务质量有了显著提高。而且，2014 年第三季度团队游客对“食、住、行、游、购、娱”等旅游总体服务的满意度达到 76.27，是自 2010 年全国游客满意度发布以来的最高值，处于“基本满意”水平（图 7－4）。团队游客对旅行社的满意度也创下新高，指数为 76.29，处于“基本满意”水平。此外，2014 年国内游客对旅行社的网络评价也创下调查以来新高，前三季度平均指数为 90.95，处于“非常满意”水平（图 7－5）。

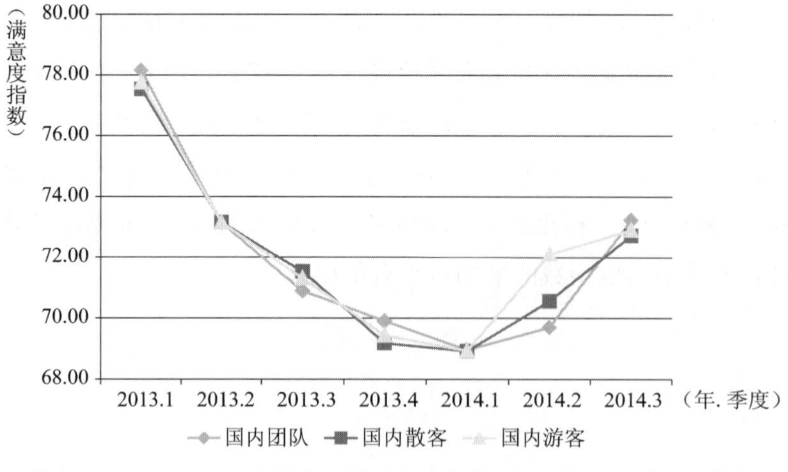

图 7－3　2013～2014 年国内、团队和散客的现场问卷调查满意度指数

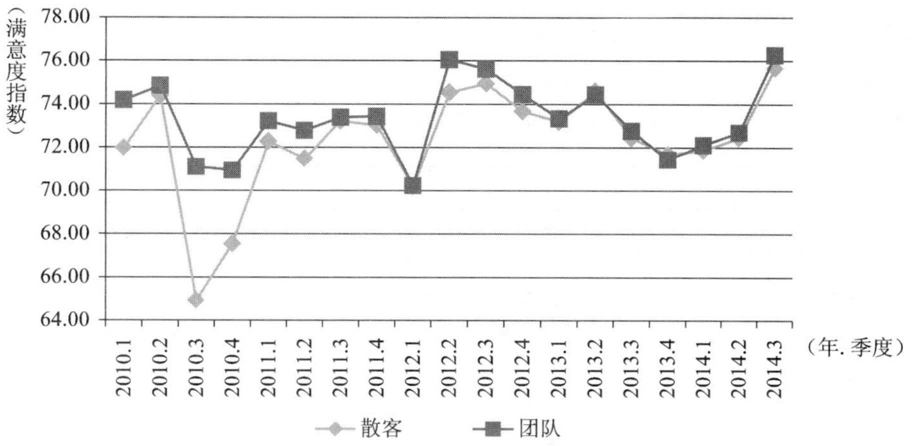

图 7－4　团队和散客对旅游总体服务质量的满意度指数

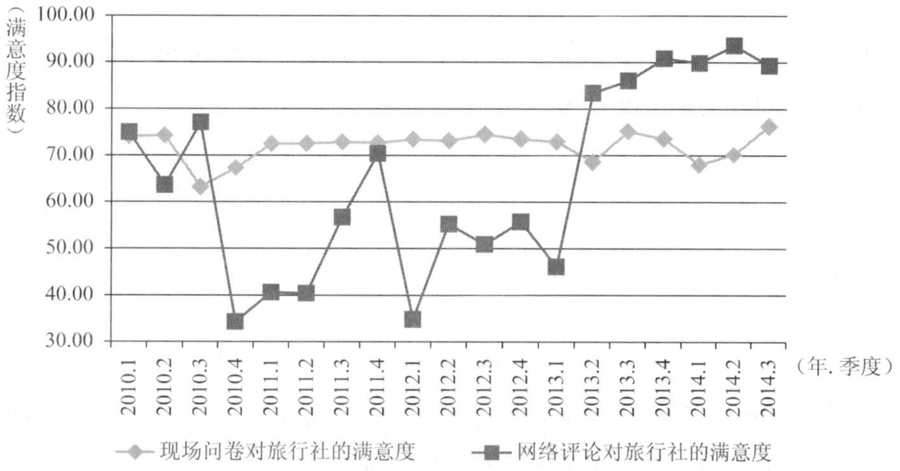

图 7－5　团队游客对旅行社服务的满意度指数

（三）入境游客满意度稳中有升

2014 年前三季度，入境游客满意度稳中有升（图 7－6）。入境游客对我国旅游形象、行业服务质量、旅游价格等满意度均有较大幅度回升，存在的主要问题是团队入境游客、多次入境游客的满意度相对较低。根据客源地情况，满意度较高的为新西兰、荷兰、中国澳门、日本、印度、中国香港、韩国等客源地游客，满意度较低的为法国、意大利、澳大利亚、俄罗斯、新加坡、瑞典等客源地游客。入境口岸城市的满意度从高到低依次为成都、上海、北京、广州、杭州、重庆、沈阳、西安。

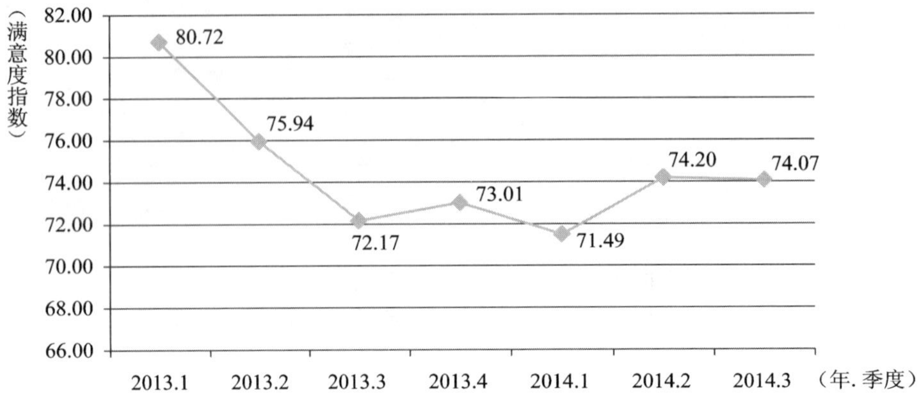

图 7-6　2013~2014 年入境游客满意度指数

（四）“食、住、行、游、购、娱”等旅游服务的质量以及旅行社、景区等两大行业的满意度达到“基本满意”水平

“食、住、行、游、购、娱”等旅游服务的质量以及旅行社、景区等两大行业的满意度均处于调查以来最高值，达到“基本满意”水平。2014 年前三季度旅游服务、城市公共服务、城市环境等满意度均上升。2014 年第三季度“食、住、行、游、购、娱”等旅游服务满意度指数为 75.98，处于“基本满意”水平（图 7-7）。旅游服务处于2010 年全国游客满意度发布以来的最高水平，达到我国《质量发展纲要（2011~2020 年）》提出 2015 年生活性服务业顾客满意度达到 75 以上的服务业质量发展目标。其中景点、旅行社的满意度较高（图 7-8）。

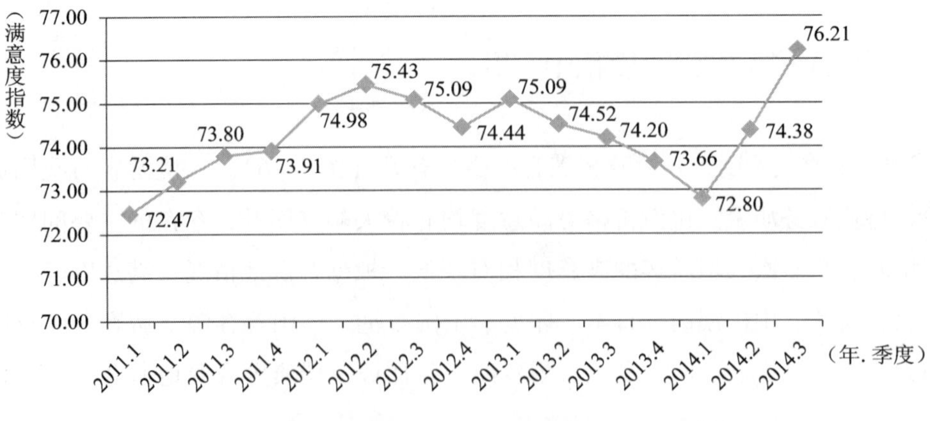

图 7-7　“食、住、行、游、购、娱”旅游服务满意度指数

2014 年第三季度召开的全国旅游行业服务监管工作会议要求构建市场治理体系和提升市场治理能力。旅游主管部门建立旅游执法督察常态化机制，例如，广东提高旅游投诉处理效率，海南公布 61 宗违法违规旅游案件，公开接受“零负团费”举报。旅游行业也强化自律，规则意识和契约精神渐强，各地逐步采用新版旅游合同，更多的经营主体从拼价格转向为拼服务。

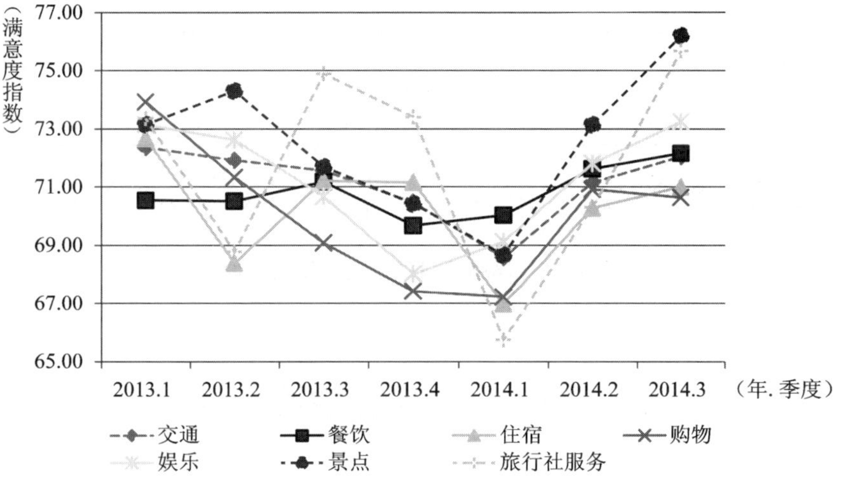

图 7－8　交通、餐饮、住宿、购物、娱乐、景点和旅行社服务的游客满意度指数

（五）网络预订旅游服务的覆盖面广、满意度高

网络技术和移动通信正在逐步改变游客的出游方式，通过旅行社门店等传统方式获取信息的游客比例不足两成，网络已成为影响半数以上游客的主要信息渠道，通过网络预订酒店和航班的出境游客比例甚至达到七成以上，通过网络查找和预订旅游线路、就餐地点的出境游客比例分别达到五成和两成以上。大部分游客认为网络预订不仅快速、便捷，还可以及时得到较多的优惠信息，2012 年以来游客对网络预订的平均满意度超过 95，远高于交通、餐饮、住宿、景点、购物、休闲娱乐、旅行社等行业的评价得分（图 7－9）。对网络预订服务品质方面的满意度评价要高于网络预订性价比评价，表明服务竞争已取代价格竞争成为旅游网络服务代理商的追求目标。从网络搜索到的游客对网络预订服务的投诉来看，在线旅游代理商的旅游投诉处理及时性和有效性要远高于地方政府和旅游主管部门，去哪儿网、携程旅行

网等对人民网3·15投诉频道的投诉回复率接近100%。

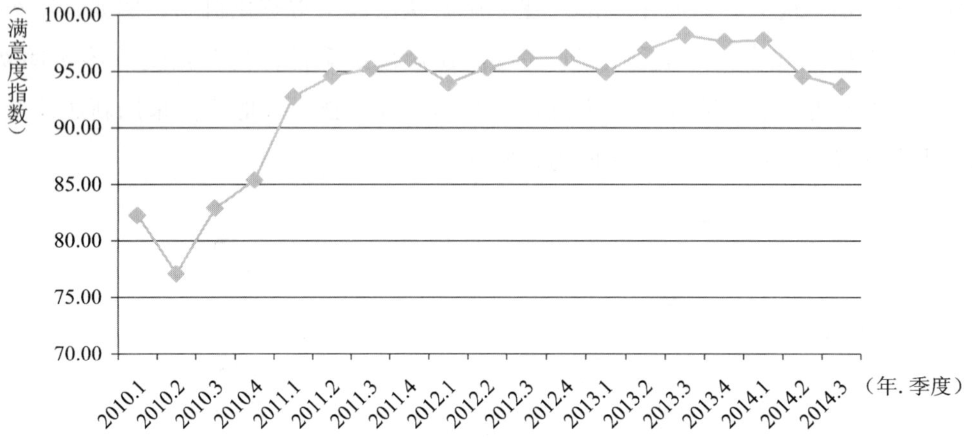

图7－9　网络预订的游客满意度指数

三、2014年游客主要诉求

（一）假日旅游等“老问题”仍然比较突出

旅游行业非法经营、节假日涨价和拥堵等影响游客满意度的“老问题”仍然比较突出。例如，“五一”前央视集中曝光非法“北京一日游”以及灵隐寺和九寨沟旅游等存在的强制额外收费、威胁游客、更改线路、安排购物等问题。从游客反映的问题及网络评论看，“五一”期间的旅游涨价和拥堵问题成为焦点，如“客栈平时150元，节假日680元”“人山人海煞风景，到此一游是合影”“一放假，全国人民都堵在高速上”等。据统计，“五一”小长假第一天，安徽黄山接待游客2万多人次，同比增长79.3%，北京出京方向从早上5点多就出现拥堵，京藏高速出京车流长达55公里。另一个引起社会广泛关注的旅游发展质量“老问题”案例是广西“长寿之乡”巴马遭受过度开发和市场扩张带来严重的负面影响，有评论直言“再也不想去了”。

2014年10月20日，西双版纳两辆共载有90多名游客的大巴车，分别在野象谷景区和勐养收费站与西双版纳州旅游协会人员发生冲突，造成双方4人受伤（受伤人员中无游客)。事件发生后，西双版纳州旅游局加大对本地区旅游市场的执法力量，在旅游乱象突出的勐腊勐仑、勐海打洛等地区进行驻守检查。

（二）日常生活服务和雾霾等环境因素备受游客关注

从游客行为特征来看，半数以上的国内游客人均花费处于500~2000元的水平，花费项目分散在景点、交通、住宿、餐饮、购物、文化娱乐等各方面，景点消费占总花费不足二成，乘坐飞机出行的游客比例仅占一成，七成左右的游客选择火车、汽车的出行方式，选择经济酒店和三星级酒店等中等价位酒店的游客比例占六成以上，选择四星级及以上豪华酒店的游客比例不足一成。数据表明，旅游消费的大众化特征更加明显，除了关注景点外，游客对目的地的整体环境、公共服务和商业接待设施的关注程度也日益增强，对公共服务和商业接待设施的关注程度趋于显化，旅游越来越成为民众在异地的短期生活方式。外来游客与本地居民共享着日常所需要的地铁、火车、公交等公共设施和社会治安等公共服务，他们更关注老胡同、酒吧街、大戏楼、商业圈、小吃街、文化区等贴近民众日常生活消费的服务场所。全国大范围的雾霾天气对游客的出游决策和旅游体验有决定性影响，国内空气质量的游客评价与境外新西兰、澳大利亚、加拿大、新加坡、美国等目的地国家相比有较大差距，入境游客对环境质量更为敏感，雾霾被列入全球旅游警告首位，入境游客对国内旅游服务质量的评价甚至低于国内游客，对北京、杭州、沈阳的空气质量评价相对较低。

（三）景区服务是当前社会和游客关注的焦点

当前旅游大众化向纵深方向发展，景区服务成为大众生活常态和城市发展常态的现象也日益明显，已经成为社会和游客关注的焦点。2014年第三季度全国游客满意度调查收集到游客关于景区的网络评论达到14.5万条，占总数的12.2%，远高于其他类型的旅游服务的网络评论数量。游客在现场提出的1168条意见中，关于景区的意见为452条，占39%。从社会舆论上看，第三季度收集到的149条热点新闻报道中，聚焦景区服务的有34条，占22%，主要集中在景区容量管理、旅游项目创新、门票优惠、游客文明行为、信息化等方面。景区在社会关注程度加大和旅游市场治理力度加强的背景下加快完善服务，市场化改革的加快和企业经营战略举措的持续推出，都促使景区服务质量不断提升，如北京故宫通过提前开门分流游客、百度推出景区直达服务、携程网和同程网加快景区预订信息化合作等。在以上因素推动下，2014年第三季度景区服务的满意度也达到调查发布以来的新高，指数为75.68，处于“基本满意”水平，同比上升0.79，环比上升5.38。

（四）安全、社会以及其他新型因素的影响更加明显

2014年以来，生活、安全、社会和突发事件等新型因素对游客满意度的影响日益明显，需要予以高度重视。现场游客对城市环境、城市建设、城市管理和公共服务的满意度均有所下降；尽管2014年第二季度公布的“2013年全国旅游投诉情况通报”显示，受《旅游法》颁布实施影响，2013年对购物、交通和餐饮的投诉件数比上年显著减少，同比分别下降93.09%、76.08%和73.95%。但今年全国游客满意度调查监测的非官方投诉满意度呈现连续下降趋势，第一、第二、第三季度满意度分别为69.08、68.52、66.88。入境游客对公共服务的满意度也较低，与世界经济论坛发布的国际旅游竞争力报告结果一致。

近来发生的暴力恐怖案件等突发事件也产生一定的影响，如现场游客对安全感、应急救援的满意度都有所下降，国家旅游主管部门也要求防范重特大旅游安全事故发生。文明旅游问题也备受关注，产生较大影响。例如，2014年4月，香港因内地幼童在街头小便事件而群情激奋，该事件在香港当地引发了反内地游客的游行抗议，同时也引发激烈骂战。始于9月末的“占领中环”行动对香港零售和旅游业的影响也已初步显现，10月和11月的非内地访港旅客数字不断下跌。

（五）游客维权意识增强，游客投诉满意度持续下降

全国游客满意度调查自2010年开展投诉满意度专项调查以来，有效促进了各级政府特别是旅游行政主管部门的投诉处理工作，游客的投诉满意度持续上升，到2013年第四季度达到70.79的最高值。2014年以来，该指数却呈持续下降态势，第

一至第三季度分别为69.08、68.52和66.88。从调查数据看，出入境游客的投诉数量增加、抱怨投诉比例上升较大是主要原因。2014年第三季度散客、团队、入境和出境游客的抱怨比例分别为40.2%、41.4%、44.6%和60.6%，投诉比例分别为8.9%、9.7%、12.7%和39.4%，均呈上升的趋势；特别是出入境游客的抱怨投诉问题非常突出，对旅游公共服务的需求强烈。第三季度调查收集的旅游投诉数量共计2249件，数量多于第一、第二季度。

从城市来看，北京（512件）、珠海（246件）、昆明（202件）、三亚（115件）和上海（107件）等城市投诉数量较多，北京的"非法一日游"问题依然突出。此外，旅游城市在旅游投诉服务方面的搜索便捷程度、政务网便捷程度、实际感受、质监所网站建设、制度与新闻的数量、旅游服务质量公示等满意度均有所下降。北海、三亚、大连、丽江等重点旅游城市投诉服务满意度靠后，60个样本城市中投诉满意度排名靠后的依次是：湘潭（49.06）、北海（48.39）、兰州（45.77）、三亚（45.71）、延边（44.75）、乌鲁木齐（42.25）、拉萨（38.58）、大连（33.83）、银川（24.79）和丽江（21.88）。

（六）游客预期相对稳定，对城市旅游综合环境更为敏感

旅游已经成为国民常态化的生活方式，过去老百姓出去走一走、看一看就很开心了，可是现在开始追求品质，对公共服务和商业服务的要求也越来越高。2013年以来，游客对样本城市旅游形象和服务质量的预期基本稳定，实际体验才是影响游客满意度的主要因素。而且，游客的体验已经超越了传统旅游产业的边界，与城市旅游综合环境、基础性公共服务、旅游窗口行业服务息息相关。从游客的网络评论看，不仅集中在景区门票、《旅游法》等旅游业内的热点事件，还包括了居民友好程度、物价水平、空气质量等各种社会、经济、环境因素对旅游的影响，对北京、上海、青岛、杭州甚至三亚、拉萨等众多优秀旅游城市的持续性雾霾天气的评论较多，游客认为再好的风景也扛不住雾霾，旅游因而成了"可望而不可及的乡愁"。

四、基于游客满意度的政策建议

（一）制定新形势下的游客满意度调查工作规划，发布综合治理指标

根据《国务院关于促进旅游业改革发展的若干意见》的颁布实施、国务院旅游工作部际联席会议制度的建立运行、全国人大加强《旅游法》执法检查以及旅游业“十三五”发展规划研究制定等国家旅游发展新战略、新部署、新要求，要更加重视游客满意度调查和提升工作，制定未来一段时期的全国游客满意度提升战略规划，根据国家“十二五”生活服务业满意度发展目标评估要求开展游客满意度调查的行业间的比较研究。

为落实我国国家治理体系和治理能力现代化的总体部署，“依法治旅、依法兴旅”有效解决旅游市场秩序问题，探索有中国特色的旅游业发展之路，实现把旅游业建设成为人民群众更加满意的现代服务业的战略目标，应将编制旅游市场综合治理水平指数作为旅游市场监管工作的依据和重要工作手段。

（二）完善面向游客日常生活的商业接待体系及其在线化、便利化程度

旅游主管部门要加强对餐饮、特色购物、新型景点景区等商业接待体系的宏观引导，要从高端的产品和项目导向转换成游客需求导向，开发出切实符合游客需求的产品，特别是选择合适的运营模式，避免投入耗费高、效能低的产品。积极推广旅游预订等信息化服务满意度较高的经验，在景区等部门普及APP、官方微信、电子门票以及电子触摸屏等智能化旅游服务硬件和软件，联合信息技术公司、在线旅游服务商开发更多体验式产品、特色化产品，借鉴酒店、机票等预订业务经验，对旅游价格和门票分销等热点问题进行专项研究，加快景区门票的在线化程度。

（三）积极提升国家旅游形象，为入境游客提供更多的便利化服务

针对外媒对我国自然生态环境负面舆论的持续传播，政府旅游主管部门和旅游企业应积极进行境外旅游形象宣传工作，主动、客观地回应影响国家旅游形象的言论，真实展示中国的风俗人情和美丽生活，有效拓展“美丽中国”的生活内涵，逐步减少境外游客对中国形象的误解和出游的疑虑。在旅游推广方式上，应超越办展会、刊登杂志广告、主题年等传统途径，密切关注国际旅游惯例和动态，用境外旅游者喜欢的旅游杂志和 Twitter、Facebook 等社交网站对境外游客进行宣传和推广，此外，还应对入境游客提供签证、英文标识和服务、境外护照驾车等方面更大的便利。

（四）将出入境特别是出境旅游新需求、网络旅游服务等新业态作为今后一个时期旅游市场秩序治理的工作新重点

既要坚持不懈地改进旅游质监等公共服务，又要防止在国内旅游监管工作加强、贯彻《旅游法》力度加大的背景下，一些无证经营、零负团费、质价不符等旅游服务质量问题向出入境市场、网络旅游服务转移的倾向。在促进旅游购物与电子商务加快融合、充分释放网络旅游购物等新业态发展潜力的同时，政府有关部门应依法加强有针对性的监管工作。结合 2014 年“智慧旅游年”发展主题，在推广智慧旅游、网络旅游的同时，密切关注当前网络旅游服务满意度的波动情况并开展专项调查，及时回应广大游客的诉求。国家旅游行政管理部门应做好跟踪研究和指导工作，通过专题调研、会议研讨、信息发布等方式引导多元化市场主体的创新成长，为网络旅游、智慧旅游的可持续发展储备更多的技术、人才和商业模式。

（五）充分发挥出境游客满意度调查在涉外事务中的影响力

随着出境游客满意度调查的不断深入，应进一步重视该项工作，使之成为国际旅游合作的重要领域。在会见各国旅游代表团时作为通报的组成部分，以此阐明中

方诉求。推动联合国世界旅游组织（UNWTO）、世界旅游旅行理事会（WTTC）等国际组织开展更加广泛的专项调查和国际比较，形成新时期以游客为中心、以品质为导向的国际发展新理念，增强在全球旅游发展中的话语权和各类规则参与权，推动国际和区域旅游合作。近期内，特别要在中国香港管理事务、越南外交事务、韩国进一步放宽签证和规范博彩旅游等事务中发挥重要的影响力。

（六）增强旅游散客化、移动化趋势下的旅游执法效力

旅游主管部门应紧紧把握游客投诉方式的变化，重点监测智能手机、平板电脑等移动终端和网络上的旅游投诉，坚持不懈地抓好旅游市场秩序专项整治，重点查处侵害旅游者合法权益的违法行为。针对签证被拒问题引发的解约、退费等旅游热点纠纷问题，需要适时评估、明确《旅游法》中涉及的旅行社合同范本、特价旅游团、游客知情权等关键问题。行业协会应适时出台和修订相应的旅行社行业服务标准、导游服务质量评价标准，尤其要适应旅游市场主体变化，重点加强出台自由行游客和散客在网络预订行程、酒店、票务等的服务规范和保障，协同商务部门曝光虚假旅游网站和虚假旅游产品。

第八章

旅游公共服务体系建设和行政改革研究

2014年，我国旅游公共服务和行政管理体制改革加速进行，旅游行政管理体制和行政服务能力、旅游公共服务信息、旅游便民惠民服务、旅游安全保障、旅游交通等不断完善和创新。2015年的发展要紧密围绕全面深化改革、全面推进依法治国的主线，健全旅游宏观调控运行机制，完善旅游发展的法律和政策体系，提升旅游业发展质量。

一、2014年我国旅游公共服务建设和行政改革进展

（一）旅游行业管理体制改革加速推进

1. 全面深化改革，加快行政职能转变

在全面深化改革开放的形势下，国家旅游局持续在机关层面推进“三放十改”，促进职能转变和各项改革措施尽快落实，进一步加快管理方式的转变。继续从减少行政审批事项入手，推动简政放权、转变职能，出台了下放4A级景区评定权，改变5A级景区评定方式，修订景区评定办法，制定国家旅游度假区标准认定办法，实行旅游发展基金地方补助项目“网上验收公示”，制定权力清单并对外公开，推动中国旅游协会的改革等系列举措。2014年1月，国家旅游局决定将10项行政审批事项取消4项、下放3项；2014年8月，根据国务院印发的《关于取消和调整一批行政审批项目等事项的决定》，国家旅游局取消“边境旅游项目审批”，下放“外商投资旅行社业务许可”和“旅行社经营边境游资格审批”项目至省级人民政府旅游行政主管部门。各省区市旅游行政主管部门也通过规范行政审批，简化手续、减少环节、透明准入标准和运行规则来转变行政管理方式，一些省级旅游局还将部分旅游行政审批下放给符合条件的地市。与此同时，各地还积极探索旅游行政管理体

制改革，全国已有北京、海南、云南、广西、江西、西藏6个省市区成立了省级旅游发展委员会，较多的市、区县也将旅游局升格为旅游发展委员会，增强统筹协调职能。

2. 旅游宏观调控机制逐步完善

2014年9月9日，国务院批复建立国务院旅游工作部际联席会议制度，撤销全国假日旅游部际协调会议，将其职能并入国务院旅游工作部际联席会议。这意味着国家把旅游工作放在了一个更高的战略性协调机构中，是国务院在科学把握国民休闲新时代和大众旅游的市场特征的前提下，从宏观调控层面对全国旅游工作的制度安排做出的一个重大调整。国家旅游局旅游经济宏观调控职能逐步增强，通过旅游经济运行监测与预警、产业指导目录等信息发布以及统计制度改革、规划、标准制定等手段引导全国旅游产业的发展。国家旅游经济运行监测预警体系更加成熟，并在北京、成都等典型的城市进行推广试点。2014年2月，国家旅游局发布了《关于改革完善国内旅游接待统计体系试点工作的通报》和《关于实施〈国内旅游接待统计指标体系方案〉的通知》，明确加强了与统计部门和地方政府的分工与合作，推动建立了更加科学、规范的旅游统计体系，为科学评价地方旅游发展质量提供了权威的科学视角。2014年，中国旅游业“十三五”规划发展纲要、全国红色旅游第三期规划编制工作正式启动，有利于更好地指导“十三五”期间我国旅游业的健康、可持续发展。为更有针对性地加强对旅游项目的支持，2014年9月，国家旅游局与国家开发银行共同组织专家组遴选了135个旅游项目，确定为《2014全国优选旅游项目名录》，给予招商、融资和贷款贴息等方面的支持。国家旅游局还先后制定《旅行社等级的划分与评定》《旅行社出境旅游服务规范》《旅行社服务标准》等国家标准以及《旅行社安全规范》《旅行社服务网点服务要求》《旅行社产品第三方网络交易平台经营与服务要求》等行业标准，进一步以标准规范旅游企业服务行为。

3. 创新旅游行业市场监管手段

国家旅游局近年来积极创新行业市场监管手段，目前已形成了以游客满意度和旅游目的地知名度监测评价体系为两大抓手的新型市场监管手段。全国游客满意度调查持续开展，并且成为地方常态化的旅游工作抓手，有效促进了地方党委和政府重视、社会广泛参与旅游业发展的制度化建设，让游客评价成为促进政府改善环境的重要力量，不断推动旅游服务品质的提升。国家旅游局还与中国旅游研究院共同实施旅游目的地知名度监测与评价项目，2014 年开展了山东、广东、陕西等 3 个试点省份以及西安、青岛、广州等 3 个重点观察城市的测评工作，并发布了目的地知名度调查结果，为目的地营销的内容、渠道、方式、时机的改善与提升提供科学依据。旅游目的地知名度测评与游客满意度调查一道为新时期政府职能转型构建了新的工作平台。

4. 加快推动旅游业综合改革试点

2014 年 8 月，国务院发布《国务院关于促进旅游业改革发展的若干意见》。这是时隔 5 年后再次从国家层面明确旅游行业定位。《国务院关于促进旅游业改革发展的若干意见》从带薪休假制度、基础设施建设、财政金融支持、土地利用政策、人才培养五方面提出了具体措施。新出台的《国务院关于促进旅游业改革发展的若干意见》突出了旅游业的改革重点，将助推旅游行业发展。旅游综合改革试点工作依然稳步推进，自 2010 年国家旅游局启动旅游综合改革试点工作以来，试点范围逐步扩大，2014 年 10 月 25 日，广州成为全国旅游综合改革试点城市，是继北京、成都之后第三个成为全国旅游综合改革试点的副省级及以上城市，至此，已有北京、成都、广州、秦皇岛、舟山、张家界、峨眉山、桐乡、延庆 9 个国家级旅游综合改革试点市（县），形成了省、市、县三级旅游综合改革试点体系。自国家旅游综合改革试点城市建设推动以来，浙江、广东、江西等省份积极开展全省旅游综合改革试点工作，在体制机制创新、旅游产品体系建设、旅游产业集聚方面进行改革创新，如江西省通过旅游综合改革在全省建立 35 个旅游产业集聚区。

（二）旅游行政服务能力进一步提升

1. 以旅游法制建设护航旅游业的健康发展

《旅游法》出台以来，旅游行业致力于提高“依法治旅、依法兴旅”的水平。为贯彻实施《旅游法》，全国人大常委会启动《旅游法》执法检查，将主要对各地

《旅游法》的实施情况进行检查。根据《旅游法》各地也修改并颁布实施地方性法规，如云南省颁布实施修正后的《云南省旅游条例》，以接待旅游者为主的贵重旅游商品购物企业应当交纳质量保证金的规定成为该条例的一大亮点；上海市启动的《上海市旅游条例修正案（草案）》，在推进旅游公共服务、细化旅行社安排购物和另行付费项目的条件、规范邮轮旅游、网络旅游和农家旅游经营方面作出了修订；哈尔滨市拟定了《哈尔滨市旅游业促进条例（草案）》，对旅游基础设施建设、旅游产品设计开发、旅游企业经营与规范等内容作了详细规定；青海省出台并实施《青海省旅游厕所管理办法》，对涵盖旅游景区（点）、国道、省道、旅游公路沿线、乡村旅游接待点及加油站等场所供游客使用的厕所提出了建设和管理要求；海南省通过《关于修改海南省旅游条例的决定》，要求加强对导游的管理，落实导游薪酬和社会保险制度，保障导游的合法权益，同时对景区提价、旅行社带团等作了严格规定。在景区执法权方面，由于相关法律落实不到位，执法部门“鞭长莫及”，而景区又无执法权而导致景区违法行为无人来管的现状如今已逐步得到解决。北京市从2014年1月1日起，颐和园、天坛、北海等市属11家公园将配合市园林绿化局，对违反《北京市公园条例》的个人实行行政处罚，最高可罚款500元。

市场秩序的规范化也有赖于法制的完善和贯彻实施，2013年为推动《旅游法》的贯彻实施，针对长期以来影响旅游市场秩序的突出问题而出台《旅游市场秩序专项整治工作方案》。2014年10月20日，国家旅游局治理旅游市场秩序暨文明旅游中东部片区会议就旅游市场秩序的问题进行了讨论。北京市旅游发展委员会、天津市旅游局等19个省级旅游管理部门和中国国际旅行社等20家旅游企业达成了《治理旅游市场秩序提升文明旅游素质常州共识》，将建立文明旅游考核机制。吉林省根据省旅游行业监管工作的实际情况，制定了《吉林省旅游市场秩序专项整治工作方案》，并开展旅游市场秩序专项整治活动。海南省召开旅游市场综合整治会，对市场上存在的违法违规旅游行为，主要围绕旅游景区、旅游酒店、旅游购物点、旅游团队餐饮店、导游进行规范检查，持续深入开展旅游市场综合整治。

2. 全力抓好旅游服务质量提升

2014年是旅游行业服务监管法制建设年，国家旅游局印发《2014年全国旅游行业服务监管工作要点》，力求保障旅游业服务质量的全面提高。此外，自《质检

总局 国家旅游局关于开展"旅游服务质量对比提升"活动的通知》(国质检质联〔2013〕141号)印发以来，旅游行业广泛开展服务质量提升活动，取得了明显进展。2014年启动2013年度全国旅游服务质量标杆单位遴选工作，主要从国内旅行社、景区、饭店、旅游集团以及旅游相关产业中遴选旅游服务质量标杆单位，最终有8家企业入选2013年度全国旅游服务质量标杆单位。国家质检总局质量管理司与国家旅游局监督管理司共同推动《贯彻落实质量发展纲要2014年度行动计划》，开展旅游服务质量对比提升活动、加强旅游服务质量监测与数据共享、探索旅游企业率先公开产品和服务标准等工作。

旅游服务投诉和监督机制是保障游客服务质量的重要手段，各地市则根据本地区发展经验，完善投诉监督机制。例如，山东省推广烟台市《关于完善旅行社服务质量评价回访制度深化便民服务的意见》，突出打造四级便民服务工作推进体系；成都市建立旅游投诉统一受理机制；而拉萨市也将建旅游投诉信息公告长效机制，实行24小时值班制，提高投诉受理处理效率；四川省自贡市建立《旅游投诉情况通报制度》；台湾旅游行业品质保障协会与天津旅游质量监督所共同签订了两地快速处置旅游投诉机制，对游客安全、购物、导游等方面都进行了规范。

3. 实施乡村旅游富民工程 加快推进旅游扶贫工作

2014年，国家旅游局把乡村旅游扶贫工作列为重点工作之一，启动实施乡村旅游富民工程，组织各省区市旅游部门从全国832个扶贫重点县和片区县中挑选出6130个具备发展乡村旅游基本条件的行政村，作为乡村旅游扶贫工作重点村。国家旅游局和国务院扶贫办于2013年8月就已经出台了《关于联合开展"旅游扶贫试验区"工作的指导意见》，目前已经在宁夏六盘山、河北省阜平市、江西省吉安市、赣州市和内蒙古阿尔山市设立了国家旅游扶贫试验区。河北、四川、重庆等省的地方市县已经将申报国家旅游扶贫试验区方案纳入日程。

同时，为贯彻落实《中国农村扶贫开发纲要(2011~2020年)》和《关于创新机制扎实推进农村扶贫开发工作的意见》，2014年11月3日，国家发改委、旅游局等7部委联合发布《关于实施乡村旅游富民工程推进旅游扶贫工作的通知》，同时发布了全国乡村旅游扶贫重点村名单。提出主要目标是到2015年，扶持约2000个贫困村开展乡村旅游；到2020年，扶持约6000个贫困村开展乡村旅游，带动农村劳动力就业。力争每个重点村乡村旅游年经营收入达到100万元。每年通过乡村旅游，直接拉动10万贫困人口脱贫致富，间接拉动50万贫困人口脱贫致富。

旅游业作为一些贫困地区发展经济的主要产业，对于旅游扶贫的政策和措施从未间断过，首先以政府为主推力的旅游扶贫政策和措施先后在一些产业基础比较薄弱但旅游资源却相对丰富的地区展开，其次是市场推力产生的旅游扶贫作为次要力量也发挥着较大的作用。10月17日甘肃省旅游局在双联帮扶点——平凉市崆峒镇高岭村组织了甘肃省旅游局双联扶贫日义诊活动。10月20日陕西省安康市人民政府主办安康市乡村旅游扶贫培训暨“送教上门”活动，主要针对安康市旅游行业及涉旅单位管理人员、乡村旅游一线从业人员、有条件有意愿参与发展乡村旅游业的人员进行旅游扶贫培训。2009年，湖北省鄂西生态文化旅游圈投资有限公司（以下简称鄂旅投）正式成立，在近几年，鄂旅投累计投资近百亿元，建成了30多个特色旅游产业项目，每年直接为贫困地区提供税收近亿元，带动20多万人就业，成为湖北省扶贫攻坚的重要力量。

4. 加快旅游人才培养和创新旅游理论研究

国家旅游局重视旅游人才梯队的建设工作。自2013年国家旅游局出台《旅游业青年专家培养计划实施方案》以来，在推动人才结构优化和布局的战略性调整方面循序渐进，有步骤地吸纳优秀旅游人才并加以培养，根据《旅游业青年专家培养计划实施方案》，国家将连续三年分批在全国遴选具有旅游基础研究、应用研究、教育教学或相关管理前沿水平，在国际国内有一定影响和知名度的青年学者，列入国家旅游业青年专家培养计划。2013年50名人才入选的基础上，2014年又遴选60名旅游业人才，并将其纳入旅游业高层次领军青年专家队伍，人才队伍不断壮大。持续推进旅游发展理论体系建设。中国旅游研究院组织的《当代旅游发展理论系列丛书》第一部《中国旅游经济监测与预警研究》出版。另外，国家旅游局持续开展科研立项和优秀学术成果评奖工作，开展全国旅游人才资源普查及旅游重点从业人员职业状况调查，推进“国家旅游经济实验室”“国家旅游文献情报中心”建设等工作，积极引领全国旅游科研的发展，取得了丰硕的成果。

（三）旅游公共信息服务覆盖面进一步扩大

1. “智慧旅游年”背景下的国家智慧旅游公共服务平台建设有序推进

2014年是“智慧旅游年”，宣传口号为“智慧旅游，让生活更精彩”“新科技，旅游新体验”，“智慧旅游”成为旅游的一个热门话题。2011～2012年间先后有18个城市成为国家智慧旅游城市的试点城市，2013年宣布第二批15个试点城市，国家智慧旅游公共服务平台的建设正式启动。2014年，第二批试点城市纷纷启动智慧旅游城市的建设，如长春市加快智慧旅游基础服务设施的建设，推动实现旅游景区、旅游饭店等涉及旅游环境的Wi-Fi全覆盖，启动智慧旅游综合管理平台、智慧旅游综合公共服务平台等建设。

2. 以旅游官方微博为代表的自媒体在传播旅游信息方面更加有效

国家旅游局、全国各省市地方旅游局以及景区、旅行社、酒店等旅游服务商，越来越注重通过旅游官方微博、微信等社交媒体进行旅游目的地的宣传、旅游产品的推介、旅游即时资讯和旅游预警信息的发布。2014年，国家旅游局官方微博目前受关注度已达到539万，在全国相关旅游政务微博中关注人数最多。官方微博在开展相关活动方面充分发挥网络的影响力，大力对一些重点推荐的旅游目的地、旅游活动进行宣传，对一些国家和地区因为政治不稳定、自然灾害和病毒疫情等方面进行充分预警信息发布，引起了社会的广泛关注。

（四）旅游便民惠民服务更好地服务于游客需求

1. 旅游惠民等便民优惠政策更加丰富

2014年“中国旅游日”当天，全国各地在许多旅游景区开展了一系列旅游惠民措施，主要通过门票折扣优惠、景区免费开放、免费导游讲解服务、优惠券赠送、免费赠送宣传资料、有奖问答等方式实现旅游惠民。北京市还开展A级景区自助导游系统建设，积极开展在线服务、网络营销、网上预订、网上支付等智慧旅游服务。2014年免费开放的旅游点主要以一些地方为主，云南大理自设立州居公民免票日至今，在2014年依旧免费实行相应景区的开放。11月北京“APEC”期间，北京市周边省市84景区对北京市民推出优惠政策，推出旅游优惠的省市主要包括河南、山西、天津、福建等地，其中17家旅游景区实行门票免费政策，67家景区推出门票五折优惠。一些地方还为游客量身打造多条短途精品旅游线路。除了北京市周边省市景区推出优惠政策外，福建省地方景区也对北京游客发出邀请，以门票免费、抽奖等形式对游客实行优惠。

2. 旅游主题银行卡进一步推广

为深入贯彻国务院“31号文件”，推动旅银合作，为优质旅游项目发展提供金融支持，国家旅游局和国家开发银行联合开展了优选旅游项目，以金融助旅实现转型升级新引擎。各地政府和旅游企业积极开展与银行的合作，推出相关旅游金融优惠措施。2014年5月工商银行依托中国银联与国家旅游局合作，正式面向市场推广发行中国旅游借记卡，持卡客户能享有借记卡全部金融功能和一系列优惠服务和地方特色的增值服务；2014年4月广东发展银行携手广东省旅游局推出优游通联名卡，持卡人在深圳东部华侨城、清远聚龙湾、开平碉楼等200多个广东省内精华景区刷卡购买景点门票，本人可享免费或超低特惠折扣，随行人员也能同享打折优惠；2014年6月，廊坊市旅游局与中国建设银行廊坊分行签署合作协议，搭建支持廊坊市旅游业发展的战略合作平台，实现旅游业和金融业的共同发展，中国建设银行廊坊分行可为旅行社办理各类金融业务，并为旅行社提供1元钱即可办理开户等开户优惠活动；2014年7月厦门市面向全省发行新版旅游年卡，旨在为持卡人提供优惠的出游选择的同时，推进景区景点智能化和智慧旅游城市的建设；2014年10月全国首个生态旅游养生银行卡在丽水市发行，游客持该卡在丽水市范围的签约景区、农家乐、养生会所、餐饮住宿等场所消费时享受价格优惠和付款便利；平潭旅游局、浦东发展银行与V微（平潭）电子商务有限公司联合推广以平潭著名景点为卡面的银行卡——“微盟卡”。

3. 大陆居民赴台个人游试点进一步开放

自2011年首批大陆居民赴台个人旅游试点城市公布以来，2012年、2013年又先后开放第二批和第三批大陆居民赴台个人旅游试点城市。2014年7月18日，第六届海峡两岸旅游交流圆桌会议召开，大陆居民赴台个人游城市又新增开放10个，同时还公布了一系列深化两岸旅游的新措施。这次第四批10个大陆居民赴台个人旅游新增城市包括哈尔滨、太原、南昌、贵阳、大连、无锡、温州、中山、烟台、漳州，并于同年8月18日正式启动。自此，从2011年6月海峡两岸正式启动大陆居民赴台个人游以来，迄今已开放了共36个大陆居民赴台个人旅游试点城市，大陆居民赴台个人游试点进一步开放。

（五）旅游安全保障工作平稳有序开展

1. 旅行社责任保险统保示范项目良好运行

2014年国务院公布保险业“新国十条”，其中强调了发挥保险在整个市场经济发展中的作用，以及发展责任保险模式，探索开展强制责任保险试点。国家旅游局自2010年开始运作旅游统保示范项目以来，在保障消费者权益、减轻企业负担方面发挥了积极的作用，而各省市均已纷纷启动统保项目。2014年1月，上海市旅游行业协会在代表本市旅行社完成旅行社责任保险统保招投标的基础上，加强与旅游管理部门、保险公司沟通，共同推出“2014年上海市旅行社责任保险统保方案”，进一步依法保障旅行社企业和旅游者及工作人员的利益。事实上，全国各省市地区旅行社投保程度差异较大，云南省自2009年以来就开始实行集中统一的“云南旅游组合保险”统保、统赔制度，截至2013年年底，参加“云南旅游组合保险”统保统筹的旅行社为528家，占全省旅行社总数的78.81%。而新疆维吾尔自治区从2013年才启动责任保险统保项目，目前旅行社投保率才65%左右。上海市旅行社旅游责任险投保率则为100%。

2. 安全预警机制继续稳步有效保障游客安全

2014年，国家旅游局发布针对天气、社会、自然等突发事件和其他事件的出行提示已经累计到了50余条。针对旅游出行安全或出行便利等因素，国家旅游局及时发布了赴印度尼西亚、菲律宾、法国、巴基斯坦、泰国、越南、印度、马来西亚、马尔代夫、埃及、肯尼亚、中国香港地区等国家和地区的安全出行提示。针对恶劣天气或自然灾害，国家旅游局发布了印度尼西亚等国家的安全提醒。国家旅游局还就目前非洲埃博拉疫情提醒游客关注，注意前往埃博拉疫情严重区域的病毒感染情况；并且国家旅游局针对本年度旅游业实际情况发布 5 条旅游服务警示。此外，国家旅游局还针对国内旅游目的地台风、暴雨等对流天气进行预报，提醒旅游者谨慎前往，旅游接待单位做好相关防护工作，及时应对自然灾害。

3. 旅游安全应急能力不断提升

7 月 22 日，国务院安全生产委员会召开了全体会议，会议要求，各地区、各有关部门要强化责任、整治隐患、落实措施，全力保障人民群众生命财产安全。在此基础上，国家旅游局要求各省市区开展旅游安全专项检查重点整治工作，主要做好旅游重点领域、关键环节的安全隐患的排查整治工作，落实安全责任制与全员责任制，加强旅游安全治理能力与治理体系建设。四川省为确保游客出行安全平稳，已打造涵盖所有 5A 级景区及部分 4A 级景区的旅游运行监管及安全应急管理联动指挥平台，建立了较为全面系统的安全保障和旅游服务体系。北京市努力加快“三个管理办法（星级饭店、等级景区、旅行社）、一个预案（旅游突发事件）、一个规定（报告制度）”的发布、宣贯和实施工作，研究制定《北京市社会旅馆安全管理办法》和《北京市京郊旅游安全管理办法》，加快北京市安全与应急管理考核评价系统建设和旅游安全宣传片、消防、反恐培训示范片的制作及实施工作，探讨旅游行业安全工作约谈制度建设并建立旅游行业安全监管信息化平台。合肥市旅游局印发《2014 年全市旅游安全工作要点》，要求各级旅游行政管理部门和旅游企业抓安全生产标准化体系建设和事故隐患自查自纠体系建设，规范、推进行业安全监管体系建设。

（六）旅游交通服务能力稳步提升

1. 交通客运能力不断增强，为客源的输送提供了较大便利

截至 2013 年年底，全国公路网总里程达 435.62 万公里，其中高速公路里程达 10.44 万公里。全国内河航道通航里程 12.59 万公里。截至 2013 年年底，我国共有颁证运输机场 193 个，比上年增加 10 个。机场系统完成固定资产投资总额 507.5 亿元，比上年增长 1.8%。民航固定资产投资总额 1452.2 亿元，其中：民航基本建设

和技术改造投资716.6亿元，比上年增长0.6%。全国铁路完成铁路固定资产投资6657.5亿元，比上年增长2.0%。其中，基本建设投资5327.70亿元；全国营业性客车完成公路客运量185.35亿人次、旅客周转量11250.94亿人次，全国完成水路客运量2.35亿人次、旅客周转量68.33亿人次。全年城市客运系统运送旅客1283.35亿人次。其中，公共汽电车完成771.17亿人次，运营里程348.96亿公里；轨道交通完成109.19亿人次，运营里程2.74亿公里；出租汽车完成401.94亿人次，运营里程1593.21亿公里。机场、高铁等重大交通项目的不断完善，对于交通客运能力的不断增强，实现区域旅游一体化发挥着巨大的作用。

2. 中西部地区交通体系进一步完善，力推旅游经济发展

2013年，国家政府不同部门纷纷出台政策支持中西部机场建设，无论是大型枢纽机场还是中小机场都获得不小的政策支持。近几年来，我国民航业基础设施建设不断加快，就2013年而言，获得通用航空经营许可证的通用航空企业189家，而近70%经营许可证是发给中西部地区的航空企业；颁证运输机场193个，比上年增加了10个，其中有8个位于中西部地区。特别是根据“十二五”期间的发展预期，我国将新建82个机场，迁建26个机场，改扩建109个机场，开展36个机场建设前期研究。其机场建设主要集中于交通通达性较差的中西部地区，如2013年5月安徽合肥市的唯一新建枢纽干线机场，同时也是安徽最大的机场建设项目——新桥机场建成通航；2013年9月四川稻城亚丁机场正式通航；此外，凯里机场、毕节机场、九华山机场等诸多中西部地区的机场开通，将大大提高地区通达性。公路交通方面，目前西部地区“五纵七横”国道主干线西部路段已经全线贯通，区域内8条省际干线公路已经如期建成。并且，国家发改委在2013年12月20日公布了2013年西部大开发新开工20项重点工程，总投资规模达3265亿元，预计2014年国家将加大对西部大开发的支持力度，仍将维持在千亿元的投资规模之上。四川巴陕高速公路巴中至南江段主线也已经建成并且成功通车，此高速公路的建成通车，对进一步完善四川省高速公路网布局，构建西部地区综合交通枢纽具有重要意义。预计今后将有更多的公路、铁路开通到中西部地区的各省市地区，带动西部旅游经济继续繁荣昌盛。

3. **旅游交通服务不断完善，游客出行更为便利**

2013年，全国城市及县城拥有公共汽电车50.96万辆、57.30万标台，比上年末分别增长7.3%和8.5%，其中BRT车辆4484辆。全国有18个城市开通了轨道交通，比上年末增加2个。拥有轨道交通车站1549个，比上年末增加174个，其中换乘站134个，比上年末增加18个；运营车辆14366辆、34415标台，分别比上年末增长13.9%和12.2%，其中，地铁车辆12971辆，轻轨车辆1253辆，分别比上年末增长15.6%和0.5%。出租汽车运营车辆134万辆，比上年末增长3.1%。城市客运轮渡422艘。全年全国营业性客运车辆完成公路客运量185.35亿人次、旅客周转量11250.94亿人公里；全年全国铁路完成旅客发送量21.06亿人次，旅客周转量10595.62亿人公里。此外，在一些法定节假日，高铁动车运输成为游客出行首选，铁路客流持续“高温”。高铁开通运营里程在2013年才刚刚突破1万公里，2014年先后开通的12条高铁里程5353公里，堪称历年之最。伴随而来的是高铁旅游的快速发展，安徽、湖北、湖南、重庆、广东、广西、北京、天津、上海等省会城市因高铁的便利性而使得高铁旅游活动大为增加，相继步入高铁旅游时代。同时，高速公路的完善和发展，也使得选择自驾游出行的比重不断提高。全国有北京、湖南、天津以及山东等较多城市开通旅游公交专线或即将开通旅游公交专线，2014年4月广州公交观光一号线开通发车，途经城市多个重要旅游景点；同年9月北京首条城市观光线开通发车，途经天坛、前门、天安门广场、故宫、北海等20处中轴线上的景点，方便游客乘坐。

二、完善旅游公共服务及推进行政改革的新形势

（一）旅游消费政策调整滞后于需求结构变动

大众旅游时代的散客化趋势倒逼节假日制度调整。当前，我国正进入大众旅游新的发展阶段，散客化进程持续加快。在促进旅游经济发展的同时，由于散客行为的随意性、分散性和旅游经验的不足，导致游客“扎堆”现象频现，其负面效应在

全国统一集中的节假日时段更为突出。数次微调法定节假日，旅游增长刺激与管理成本削减效果十分有限，要争取更大的增长空间，需要从发展带薪休假入手，切实统筹节日旅游淡出与假日旅游跟进。

老年休闲旅游消费需求配套支撑体系不完善。我国已进入人口老龄化快速发展阶段。老龄化社会的发展升级，老年人休闲需求的增强必将促进老年休闲产业快速发展。然而，现阶段我国老年休闲产品供给滞后、市场发育不健全、城乡发展不平衡等问题还十分突出。老年休闲产业作为老龄化社会中战略性产业的功能尚未显现。为了提高老年人休闲质量，需要构建综合性的老年休闲发展支撑体系。

（二）旅游发展质量公共治理有得有失

游客满意导向公共服务质量建设的支撑效果显现。在更加开放的格局中谋划旅游未来的新发展，需要建立以游客为导向的专业化评价体制。游客满意度是行前预期和现场感受的对比，有助于目的地营造更加可以预期的异地生活环境和服务。全国游客满意度调查自 2010 年开展以来，有效促进了各级政府对于旅游消费环境的改善。但在市场主体培育和投资方面，政府引导作用还非常有限。随着我国市场化改革的深入，旅游行业协会的传统业务不断被民间组织和商业机构所取代。然而，由于缺乏超越利益的改革推动者，改革配套条件不充分，服务创新能力不足以及专业人才队伍建设滞后等问题，严重影响了旅游行业协会的改革进程。

（三）传统行业管理方式不适应智慧旅游发展新形势

网络技术和移动通信改变了游客的出游方式，服务竞争已取代价格竞争成为旅游网络服务代理商的追求目标。然而，新兴旅游业态缺乏有效监管也产生了问题，网络旅游服务的纠纷日益突出。地方政府和旅游主管部门的旅游投诉处理及时性和有效性要远低于在线旅游代理商。智慧旅游发展出现的新问题进一步凸显了传统发展方式和行业管理体系的滞后性。政府倡导的智慧旅游工程虽然取得了一定成绩，但存在的问题不容忽视。政府对自身在智慧旅游发展中的定位并不明确，部分省市的旅游公共服务体系和旅游基础设施尚无法适应散客化时代的旅游需求，盲目跟进造成资源浪费。

（四）依法治旅、依法兴旅水平仍待进一步提升

党的十八届四中全会确定将全面推进依法治国，依法治旅仍将是未来旅游治理努力的重要方向。《关于促进旅游业改革发展的若干意见》的颁布，为促进旅游业持续健康发展提出了整体政策安排。国务院建立旅游工作部际联席会议制度，以及《旅游法》颁布实施一周年专项检查等政策措施也将促进部门间的协调配合。目前，旅游主管部门已经建立旅游执法督察常态化机制，各地逐步采用新版旅游合同。值得注意的是，2014 年第三季度团队游客满意度自 2013 年第二季度以来首次高于国内散客满意度，显示《旅游法》颁布实施之后并经过行业治理，旅行社服务质量有了显著的提高，对景区、旅行社等市场主体的商业行为规范性日渐明显。

三、完善旅游公共服务及推进行政改革的新要求

（一）转变旅游消费政策重点，激发旅游消费新活力

重构节假日政策体系，给予地方和个人更多的自主权，逐步建立与我国经济社会发展水平相适应的法定节假日与带薪休假时间的增长机制。结合实际情况，节假日和带薪休假制度作为一项公共政策一经固定下来，要尽快出台落实细则及相关约束和监督检查，为制度落实创造积极的社会环境和舆论氛围。

落实老年人社会保障，释放老龄旅游需求。积极应对人口老龄化，在相关法律框架内切实保障老年人休闲权利，承担引导老年人休闲度假的行政职能。激发各类服务主体活力，创新服务供给方式。针对老年休闲产业标准缺失问题，塑造涵盖老年人休闲全链条的标准化服务流程。

（二）强化旅游公共治理，提升旅游发展质量

以游客满意度调查为基础，将游客满意度工作纳入旅游业治理体系建设，将当

前相对分散的游客监管体系统一整合起来，纳入文明旅游专项工作，并进一步扩大在涉外事务中的影响力。在市场化基础之上，明确旅游行业协会的改革路线图和时间表，做好改革时序安排、可操作性改革方案制定、服务职能创新、竞争机制引入等系列工作，重构协会的生存和发展体系。积极发挥行业协会的作用，适时出台和修订相应的旅行社行业服务标准、导游服务质量评价标准，重点加强新兴领域服务规范和保障的出台。

（三）推进科技兴旅，促进智慧旅游理性发展

通过顶层设计，引导智慧旅游在各层面的健康发展。系统把握智慧旅游的时代特征和历史意义，明确政府在智慧旅游发展中所扮演的角色，做好定位。推进现代信息技术在旅游业中的运用，通过发展智慧旅游提升旅游业的现代化水平。利用现代信息技术加强对传统企业的改造，积极培育以现代信息技术为依托的新业态，积极发挥“智慧旅游”在提升旅游公共服务水平中的重要作用。继续深化智慧旅游试点城市工作，形成国家智慧旅游建设与运营规范，推进国家层面的智慧旅游公共服务平台建设，加强各级旅游部门信息化建设，继续推进智慧旅游景区、智慧旅游企业建设。同时在城市形象宣传、公共服务、行业服务等领域加快应用微博、微信、移动互联网等新媒体、新技术。

（四）加强过程监管，提升旅游治理专业水平

推动旅游行政管理从审批为主向监管为主过渡，提升专业化管理水平，为产业发展提供理论、政策、专业等方面的指导。加强对商业接待体系的宏观引导，促进符合大众游客需求的产品的生产。把握游客投诉方式的变化，加强监测移动终端和网络上的旅游投诉，抓好旅游市场秩序专项整治，查处侵害旅游者合法权益的违法行为，防止无证经营、零负团费、质价不符等旅游服务质量问题向出入境市场、向网络旅游服务转移。

四、完善旅游公共服务及推进行政改革的政策建议

（一）建立健全旅游宏观调控运行机制

1. 健全各级旅游综合协调机制

在国家层面建立旅游综合协调机制之后，各级地方政府要建立健全旅游综合协调机构，抓好本地区的旅游统筹协调发展工作，形成旅游业改革发展的合力。

2. 进一步提升旅游经济宏观调控能力

继续推动各地积极落实《旅游法》，完善《旅游法》配套政策体系，建立常态化的宏观信息发布机制，通过权威信息发布引导旅游产业发展。抓紧完善旅游经济运行监测预警体系，并在典型省市进行推广试点。着力提升旅游业服务国家战略的能力，引导旅游发展为国家经济、政治、社会、文化、生态文明建设服务，为扶贫、新型城镇化、新型工业化、农业现代化和新农村建设等重要战略服务。

3. 加快政府职能转变

国家旅游局要继续推进“三放权、十改进”工作，进一步提高旅游行业管理科学化水平。推进各级旅游行政主管部门机构、职能、权限、程序、责任法定化，进一步理顺国家旅游局与地方旅游部门的事权，国家旅游局工作的重心更多放在国家旅游业战略发展层面，而市场监管重心则更多下放到省、市、县层面，尤其是要完善市县政府的旅游市场监管职能，增强旅游市场执法力量。逐步推动建立旅游行政主管部门权力清单制度，进一步理顺各级政府和旅游部门的事权。鼓励各地因地制宜、积极探索适合本地区旅游业发展的新模式、新路径。

（二）培育有竞争力的市场主体和中介组织

1. 建立公平的市场规则，鼓励跨界融合，支持新业态发展

放宽经营准入，加速打破民间投资的“玻璃门”，消除行业、区域壁垒；尤其

是要打破景区投资壁垒，推动旅游市场向社会资本全面开放，发挥市场配置资源的决定性作用。积极引导各种主体的创新活动，鼓励跨界融合，支持经济型酒店、中端酒店、主题酒店以及依托互联网、移动通信、网络支付等智慧旅游的新业态创新，引导社会投资更好地满足人民群众日益增长的旅游休闲需求。积极引导传统业态，特别是体制内企业走市场化的道路，加快实现企业的现代化转型。

2. 积极培育创新市场主体

支持旅游企业做大做强。积极引导和扶持新的创新主体，积极帮助传统业态向市场化、现代化过渡，支持有条件的旅游企业“走出去”，推动旅游产业国际化布局。在饭店领域，要向洲际酒店、假日酒店、希尔顿酒店等国际知名饭店集团看齐，要形成有中国特色的旅游饭店管理品牌，通过连锁化和输出管理，提高旅游饭店的竞争力。在旅行社领域，要自觉与美国运通、德国途易等大的旅行社“对标”，提高对旅游产业链各个环节的整合能力，不断扩大经营规模。在主题公园领域，既要瞄准美国迪士尼这样的知名企业，又要善于挖掘中国特色；既立足国内市场，又勇于“走出去”发展，加快形成有世界影响力的中国主题公园旅游产品。

3. 加快培育旅游中介组织

以市场化为导向，以人才队伍建设为基础，加强职能创新，提升服务能力，加快各级各类旅游行业协会的改革，重构协会的生存和发展体系。引入竞争机制，加强各种社会中介组织的培育。各级旅游行业组织要依法完善组织构架和章程，制定行业经营规范和服务标准，对会员的经营行为和服务质量进行自律管理，充分发挥行业自律作用。

（三）创新行业监管，提升旅游业发展质量

1. 进一步确立游客满意工作在旅游发展体系中的主体地位和战略导向

坚持以游客满意度来监测和调控包括旅游在内的城市发展质量，及时了解其波动性和消除其不稳定性的因素，促进城市的新型发展并与旅游不断融合，加快“游客为本、服务至诚”行业价值观的普及推广。坚持以游客满意度测量与评价作为当

前和今后我国旅游创新的关键突破口，丰富旅游行业监管和地方政府旅游工作的抓手，在指导我国旅游转型升级和引领全球旅游治理的过程中，推动全社会公民旅游权利的不断实现。加强对《旅游法》贯彻实施效果特别是统一旅游投诉平台建设的游客评价调查，鼓励地方政府、旅游主管部门和旅游经营者及时、理性地回应游客和网民的投诉，深入开展旅游市场秩序专项整治的系统研究，对旅游市场秩序失范的重点地区和关键行业加强专项指导。

2. 创新旅游市场监管体系，从准入监管转向运营监管

现有的旅行社许可，外资、出境、边境、特种旅游、赴台旅游等资格审批以及保证金、星级评定等事权，绝大部分都可以取消或下放地方、协会等执行，旅游主管部门将监管重点转到运营监管，建立以游客满意为出发点和落脚点的旅游市场综合监管体系。

3. 加强旅游市场秩序整治

要抓好《旅游法》的贯彻落实，加强旅游市场依法准入退出机制建设，进一步完善诚信旅游评价与监督机制，法律框架内切实保障游客的合法权益，尤其是要下大力气解决游客反映强烈的欺客宰客、强迫消费、景区门票涨价、旅游安全等热点问题，让老百姓享受更好的品质生活。推动将旅游相关企业和从业人员诚信记录纳入国家社会诚信体系建设中。行业协会要完善行业自律规则和机制，引导会员企业诚信经营。建立严重违法企业“黑名单”制度，加大曝光力度，完善违法信息共享机制。完善旅游综合执法体制机制，加强旅游投诉电话和旅游质监网络建设，加强跨区域旅游监管合作，增强旅游散客化、移动化趋势下的旅游执法效力。

4. 倡导健康文明的旅游方式，提升游客文明素质

《旅游法》对旅游者的文明行为提出了明确要求，对不文明行为做出了禁止规定。要更加重视旅游中的“主客矛盾”等文明旅游问题，按照旅游行业核心价值观和《旅游法》关于旅游者权利义务的要求，提倡主客双方相互尊重文化习惯的不同，引导旅游者自觉遵守社会公共秩序和社会公德，尊重当地宗教信仰和风俗习惯，注意公众场合特别是涉外场合的言谈举止，爱护旅游资源，保护生态环境，不断提升国人在境内外旅游过程中的文明程度。同时促进各国、各地区的居民在法律的框架内对中国游客的文化差异和生活习惯给予必要的宽容和平等的对待，形成面向中国游客的新的待客之道。要全面宣传普及这种现代城市观念，使城市发展做到对内服务和对外服务均衡。

（四）发挥好科技和教育对旅游业发展的支撑作用

1. 以智慧旅游全面提升旅游业的现代化水平

推动传统企业利用现代信息技术加快改造，鼓励旅行社、旅游饭店、旅游景区等旅游企业应用计算机技术和通信技术推动业务流程再造，实现数字化管理和数字化经营，全面提高服务效率和管理水平。积极培育以现代信息技术为依托的新业态，支持以携程、艺龙、去哪儿、途牛、蚂蜂窝等为代表的新型在线旅游企业的发展，增强旅游业发展活力。提高信息技术在旅游业应用的广度和深度，使旅游企业的经营活动全面信息化，使在线旅游业务在旅游产业中的比重明显提升，使旅游行业管理和旅游公共服务信息化水平明显提高，建设覆盖全国的旅游基础信息数据库和旅游基础信息资源交换和共享平台，打造一大批引领作用强、示范意义突出的智慧旅游城市、智慧旅游企业。

2. 继续推动旅游教育发展

要紧紧围绕建设旅游强国的目标，加快旅游人才的培养。要优化旅游教育结构，依托国内重点旅游院校，建设一批高层次创新型旅游人才培养和科研基地。推动人才培养结构调整，鼓励旅游院校根据旅游业态、发展趋势设置专业或专业方向。创新旅游产学研合作平台，提升教育质量。当前要特别抓住国家职业教育改革的契机，推进旅游职业院校的建设。

3. 建设高素质旅游人才队伍

要抓好旅游经营管理人才、旅游服务人才、旅游行政管理人才、旅游开发建设人才的建设，促进人才资源在城乡、区域、行业之间合理流动和科学配置，推动人才结构战略性调整，实现人才开发与旅游业协调发展。加强从业人员素质提升。积极开展分类培训，健全中央、地方旅游部门和旅游企业等多层次、多类型的旅游人才培训体系。

4. 优化人才发展环境

要从法制和政策上，为旅游人才全面发展提供制度保障。加强人才激励保障机制建设，落实国家荣誉制度，建立和完善国家、地方、企业三个层面的旅游行业杰出人才激励制度。完善人才职业通道，建立健全旅游职业资格和职称制度，建立旅游职业高、中、初级分类管理机制，开展《旅游行业职业经理人标准》培训和认证工作，加强导游队伍建设。加强旅游职业技能鉴定工作，探索成立旅游行业职业技能鉴定中心。促进人才开发的国际合作，加强与联合国教科文组织、世界旅游组织等国际组织的合作，积极参与全球、区域性旅游人才开发合作。鼓励旅游院校毕业生到城乡基层就业，鼓励小微旅游企业吸纳旅游院校毕业生就业，推动实施大学生旅游创业引领计划，为毕业生就业创业创造发展条件。

（五）完善旅游法律和政策体系

1. 发挥旅游立法的引领和推动作用

要完善旅游立法体制机制，增强旅游法律法规的及时性、系统性、针对性、有效性。要运用法治思维和法治方式推进旅游业的深层次改革，实现旅游立法和改革决策相衔接，做到重大改革于法有据、立法主动适应改革和经济社会发展需要。旅游实践证明行之有效的，要及时上升为法律。实践条件还不成熟、需要先行先试的，要按照法定程序做出授权。对不适应改革要求的旅游法律法规，要及时修改和废止。

2. 完善旅游业发展的法制环境

抓紧出台《出境旅游条例》《旅游安全管理办法》《景区开放办法》《旅游景区游客承载量核定工作导则》《旅游规划办法》《境外宣传与推广工作管理办法》等法规规章。此外，有的省区市已经完成地方旅游条例的修改，有的省区市正在推进此项工作，旅游部门要配合各级人大和政府法制部门，积极支持各地旅游法制的建设，尽快启动《旅行社条例》《导游人员管理条例》《中国公民出国旅游管理办法》及地方旅游法规的修订，推进相关法规、规章和规范性文件的立改废工作，确保法律得到有效实施，不断完善旅游业发展的法制环境。

3. 构建旅游综合政策体系框架

税收、社会保障、带薪休假、国家公园、“一路一带”等宏观的综合性政策对旅游业的影响比旅游部门出台的政策更大。当前政策工作重点应转到消化、细化、执行前期出台的政策以及对综合性政策的对接上来。要积极协调相关部门，从财政、税收、金融、土地、签证、投资、人才等领域入手，加强政策之间的衔接、协调和推动实施，系统梳理旅游业发展政策，加强对水电气同价等已出台政策的督办力度，完善与旅游业发展相关的各类政策，形成旅游政策体系框架。

责任编辑： 谯　洁

责任印制： 冯冬青

封面设计： 中文天地

图书在版编目（CIP）数据

2014 年中国旅游经济运行分析与 2015 年发展预测 / 中国旅游研究院编 . --北京：中国旅游出版社，2015. 1

ISBN 978 - 7 - 5032 - 5163 - 4

Ⅰ. ①2…　Ⅱ. ①中…　Ⅲ. ①旅游业 - 经济分析 - 中国 - 2014②旅游业 - 经济预测 - 中国 - 2015　Ⅳ. ①F592. 3

中国版本图书馆 CIP 数据核字（2014）第 303275 号

书　　名：2014 年中国旅游经济运行分析与 2015 年发展预测

作　　者：中国旅游研究院
出版发行：中国旅游出版社
（北京建国门内大街甲 9 号　邮编：100005）
http：//www. cttp. net. cn　E-mail：cttp@ cnta. gov. cn
发行部电话：010 - 85166503
排　　版：北京旅教文化传播有限公司
经　　销：全国各地新华书店
印　　刷：河北省三河市灵山红旗印刷厂
版　　次：2015 年 1 月第 1 版　2015 年 1 月第 1 次印刷
开　　本：787 毫米 × 1092 毫米　1/16
印　　张：11. 5
字　　数：179 千
定　　价：48. 00 元
I S B N　978 - 7 - 5032 - 5163 - 4
